Anita Timpe

# Ich bin so wütend!

Anita Timpe

# Ich bin so wütend!

## Nutzen Sie die positive Kraft Ihrer Wut

ARISTON

*Für Stefan, den ich liebe*

Bibliografische Information der Deutschen Bibliothek

Die Deutsche Bibliothek verzeichnet diese Publikation
in der Deutschen Nationalbibliografie; detaillierte bibliografische Daten
sind im Internet unter http://dnb.ddb.de abrufbar.



Redaktion: Diane Zilliges
Umschlaggestaltung und Illustrationen: Ulrike Bürger, Wörthsee
Produktion: Inga Tomalla
Satz: EDV-Fotosatz Huber/Verlagsservice G. Pfeifer, Germering
Druck und Bindung: Druckerei Uhl, Radolfzell
Printed in Germany

ISBN-10 3-7205-2788-3
ISBN-13 978-7205-2788-0

# Inhalt

# Einleitung

*Wer nicht zuweilen zu viel empfindet,*
*der empfindet immer zu wenig.*
Jean Paul

Für viele Menschen sind heftige Gefühle wie Wut und Aggressionen ein Problem. Es fällt ihnen schwer, sich diese Gefühle einzugestehen, und sie sind erst recht nicht in der Lage, sie zu zeigen. Wut wird als etwas Negatives gesehen und als Folge davon unterdrücken wir diese starke, kreative Energie. Das bleibt nicht ohne Folgen, denn auch andere Gefühle wie Freude oder Liebe können dann nicht mehr frei fließen.

Wütende Menschen passen nicht ins gesellschaftliche Bild. Besonders Frauen werden dazu erzogen, brav und nett zu sein und ihre Aggressionen zu zügeln. Dabei ist Wut ein ganz normales Gefühl. Im Gegensatz zu anderen Gefühlen wie Freude, Trauer oder Angst wird Wut jedoch negativ bewertet und ist im Miteinander noch weitestgehend tabuisiert. Mit ihr umzugehen fällt uns schwer, weil wir dazu erzogen wurden, dass sie etwas Destruktives ist, das wir vermeiden müssen. Wir haben gelernt, sie zu fürchten, sie abzulehnen, sie gegen uns selbst oder an die falsche Adresse zu richten. Wir haben gelernt, uns so zu verhalten, dass unsere Wut wirkungslos bleibt, und zu verleugnen, dass es überhaupt Gründe gibt, wütend zu sein. Dabei kann man lernen, mit Wut umzugehen wie mit anderen Gefühlen auch. Es sind uns bisher einfach nur zu wenige Modelle für einen konstruktiven Umgang mit Wut bekannt.

***Wut ist ein ganz normales, eigentlich gesundes Gefühl.***

Alle unsere Gefühle sind wichtig, sie teilen uns etwas mit – wenn wir ängstlich sind, dass wir aufpassen müssen; wenn wir traurig sind, dass uns jemand wehgetan hat; wenn wir wütend sind, dass jemand unsere Grenzen überschritten hat. Wir werden niemals grundlos wütend. Das ist eine wichtige Einsicht, die viele Menschen erst einmal zulassen müssen. Unsere Wut weist uns immer darauf hin, dass irgendetwas nicht in Ordnung ist. Sie verdient deshalb unsere volle Aufmerksamkeit und Beachtung.

Wut ist nicht nur ein Gefühl wie jedes andere, sie ist auch enorm wichtig für uns: Sie taucht auf, wenn uns etwas zu viel ist und wir überfordert sind. Sie sorgt dafür, dass wir unsere Grenzen spüren und deutlich machen. Sie bringt uns dazu, das zu verändern, was uns nicht mehr gefällt oder gut tut. Sie hilft uns, uns zu schützen und zu verteidigen, wenn wir angegriffen werden. Sie weist uns darauf hin, dass wir ein Problem nicht angehen, dass wir zu viel für andere tun oder dass andere zu viel für uns tun, so dass unsere persönliche Entwicklung stagniert. Und somit ist Wut ein wesentlicher Ausgangspunkt für Veränderungen im Leben. Wenn Sie auf diese Weise wachsen und sich weiter entfalten wollen, dann dürfte Ihnen dieses Buch sehr helfen.

*Wut kann Ihnen helfen, sich zu entfalten*

Wut ist ein starkes Gefühl. Weil sie auch verletzend und zerstörerisch sein kann, ist es wichtig, sorgfältig mit ihr umzugehen und sie nicht blind auszuagieren. Es ist ganz selbstverständlich, dass wir, auch wenn wir wütend sind, unser Gegenüber weiterhin mit Respekt behandeln sollten. Oftmals lösen ja gerade die Menschen, die mit uns leben und die wir lieben, am meisten Wut bei uns aus. Sie kommen unserem Innersten am nächsten und damit auch unseren verletzten und wütenden Seiten. Weil sie unsere liebsten Menschen sind und unser Wohlbefinden mit dem ihren eng verknüpft ist, lohnt sich unser Einsatz hier ganz besonders: einen guten Umgang mit der Wut zu entwickeln und an ihr zu wachsen.

Dieses Buch möchte Ihnen eine neue, gesündere Haltung zu Ihrer Wut vermitteln. Es wird Ihnen anhand von Erläuterungen, Beispielen und Übungen viele Möglichkeiten zeigen, wie Sie konstruktiv mit Ihrer Wut umgehen können. Und es will Ihnen dabei helfen, unsinnige und verletzende Umgangsweisen mit Aggressionen aufzugeben – Sie haben es sicher schon oft genug erlebt, an sich und an anderen, dass Vorwürfe, Herabsetzung, endlose Streitereien und emotionaler Rückzug niemandem etwas nützen.

Die Übungen auf den folgenden Seiten dienen dazu, Ihnen das Thema näher zu bringen. Versuchen Sie, zu akzeptieren, wenn einzelne Übungen nicht so laufen oder Ihnen auf bestimmte Fragen einfach keine Antwort einfällt. Lesen Sie weiter, forschen Sie weiter und probieren Sie es zu einem späteren Zeitpunkt noch einmal. Es kann Sie unterstützen, sich ein »Wut-Tagebuch« zuzulegen. Schreiben Sie darin alles auf, was mit dem Thema zusammenhängt, was Sie ärgert, wie Sie reagieren, was Ihnen aus Ihrer Vergangenheit dazu einfällt und so weiter.

*Führen Sie ein »Wut-Tagebuch«.*

Manchmal wollen wir, dass sich ganz schnell etwas verändert und vergessen dabei, dass unser bisheriges Verhalten vielleicht auch eine Funktion gehabt hat. Deshalb ist es wichtig, dass wir unsere Erkenntnisse Schritt für Schritt umsetzen. Auch in Ihren Beziehungen sollten Sie Veränderungen behutsam angehen und sich und Ihrem Partner Zeit lassen, die neue Gangart zu üben und auszuprobieren. Die unterschiedlichen Übungen, die ich Ihnen hier vorstelle, können und dürfen Ihnen übrigens auch Spaß machen. Gerade solche spielerischen Übungen wie »Ja–Nein«, »Hahnenkampf« oder »König(in) der Löwen« können in einer Phase des Konflikts, wenn sich die Fronten verhärtet haben, zur Auflockerung beitragen.

***Schritt für Schritt – und mit Freude.***

Erlauben Sie sich Fehler zu machen, sie sind wichtig für Ihren Wachstumsprozess. Schließlich lernen wir vor allem aus Fehlern. Wenn Ihnen etwas zu viel wird, können Sie jederzeit eine Pause machen oder eine Übung ganz abbrechen.

Wichtig war mir bei dem Buch, dass es für Sie nutzbar und praxisorientiert ist. Die Theorie, die natürlich zu dem Thema auch sehr spannend ist, habe ich deshalb nur leicht angetippt. Die vielen Beispiele, die Sie zu den einzelnen Aspekten finden werden, entstammen der therapeutischen Praxis; die Darstellungen wurden zum Schutz der Betroffenen teilweise verfremdet. Bei der Schreibweise bin ich der Einfachheit halber meistens bei der männlichen Form geblieben. Aber natürlich wendet sich das Buch an Frauen und Männer gleichermaßen.

# Wut – das verbotene Gefühl

*Einmal entfacht, bin ich nur schwer zu bremsen,*
*ich bin stets angemessen, immer notwendig.*
*Versuche nicht, mich loszuwerden.*
*Ich muss erhört und geachtet werden.*
*Ich bin Wut.*
Amy Sophia Marashinsky

## Was ist das eigentlich: Wut?

Wenn wir wütend sind, können wir keinen klaren Gedanken mehr fassen. Unser Körper befindet sich im Ausnahmezustand, das Herz klopft schneller, Blutdruck und Puls sind erhöht, der Adrenalinspiegel steigt, uralte Verhaltensmuster werden aktiviert. Wir fühlen eine rasende Energie in uns, die alles kaputtmachen will. Wir kochen, brodeln und zittern vor Wut und es fällt uns schwer, uns zurückzuhalten. Vielleicht werden wir laut und schlagen – verbal oder körperlich – um uns vor Wut, vielleicht erstarren wir aber auch zu Eis und ziehen uns zurück, um insgeheim Rachepläne zu schmieden.

### *Ärger, Wut, Zorn, Groll und Aggression – alles das Gleiche?*

Es gibt so viele Begriffe für dieses mächtige Gefühl – meinen sie wirklich alle ein und dasselbe? Gleich am Anfang wollen wir uns einen Überblick darüber verschaffen, was mit den einzelnen Worten eigentlich gemeint ist:

Bei **Ärger** handelt es sich um eine kurze, spontane emotionale Reaktion auf ein unangenehmes Ereignis oder eine Person, die uns verletzt hat. Wir ärgern uns beispielsweise, wenn uns jemand die Vorfahrt nimmt, wenn wir den Zug verpassen oder unsere Freundin mal wieder zu spät kommt. Ärger kann sich auch als Unzufriedenheit, Gereiztheit oder Missmut äußern. Während Ärger (solange er nicht chronisch ist) mehr ein Gefühl an der Oberfläche ist und auch sehr unauffällig verlaufen kann, bleibt Wut selten verborgen.

Denn **Wut** ist ein heftigeres Gefühl als Ärger. Es handelt sich um eine starke, aggressive Reaktion auf etwas, das wir als kränkend und verletzend erleben. Wut baut sich auf. Sie entwickelt sich aus einer Reihe von Situationen, in denen wir uns geärgert haben, und kann sich in einem Wutanfall entladen. Die Wut kann dabei ganz unterschiedlich intensiv sein, sie kann mit starken körperlichen Reaktionen einhergehen. Wut hat meistens tiefere Ursachen als Ärger. Wird sie unterdrückt, kann das zu körperlichen Beschwerden führen, worauf wir später noch ausführlich eingehen werden.

*Wut kann nach allen Seiten hin explodieren.*

**Zorn** ist ein starkes Gefühl, das der Wut sehr ähnelt. Im Gegensatz zur Wut ist Zorn aber immer gegen eine bestimmte Person oder Gruppe gerichtet, während Wut nach allen Seiten hin explodieren kann. Neben dem so genannten Jähzorn, also zornigen, unkontrollierten Ausbrüchen, gibt es auch einen eher positiven Zorn: So spricht man im religiösen Kontext vom »gerechten« oder sogar »heiligen Zorn«.

**Groll** – ein weiterer Begriff in unserem Zusammenhang – entsteht, wenn Ärger oder Wut über eine Zeit lang festgehalten werden. Menschen, die grollen, erinnern sich bewusst immer wieder an die Verletzung und erleben den Schmerz erneut. Sie halten altes Unrecht in ihrer Erinnerung manchmal ein Leben lang wach. Sie fühlen dabei die Wut oder Verletzung nicht wirklich, sondern konservieren sie. Sie können nicht vergeben, weil der Groll zu ihrem Lebensinhalt geworden ist. Während Wut und Zorn wie eine heiße Flamme sind, ist Groll wie glühende Kohle.

Die ursprüngliche Wortbedeutung von **Aggression** stammt ab vom lateinischen »ag-gredi«, was übersetzt werden kann mit: »auf etwas zugehen«. Während es sich bei Ärger, Wut und Zorn um Emotionen handelt, bezeichnet der Begriff Aggression eine Verhaltensweise. Mit aggressivem Verhalten kann gemeint sein: auf ein Ziel loszugehen, jemanden herauszufordern oder anzugreifen. Der Begriff ist eigentlich neutral, hat bei uns aber oft eine negative Konnotation. Als aggressiv könnte eigentlich wertneutral jedes Verhalten bezeichnet werden, das nicht von Passivität und Zurückhaltung geprägt ist.

*Aggressiv sein heißt eigentlich nur: auf etwas zuzugehen.*

## Die Wut erkennen

Wut wird aus den unterschiedlichsten Gründen häufig unterdrückt. Oft merken wir selbst gar nicht, dass wir innerlich schon kochen, sondern reden uns ein, es sei alles in Ordnung. Und das kann sich über eine ganze Zeit hinziehen. Wenn Sie nicht genau wissen, ob die Wut in Ihnen nagt, können Sie auf folgende Symptome achten:

- Kopf- und Magenschmerzen
- an den Fingernägeln kauen und die Nagelhaut abbeißen
- zusammengebissene Zähne oder nächtliches Zähneknirschen
- verspannte oder schmerzende Kiefermuskeln
- Verspannungen in den Schultern und im Nacken
- unkontrollierte Ausbrüche zu unpassenden Zeiten

Nicht immer zeigt sich die Wut offen. Auch die indirekten Formen lassen sich an einigen Signalen erkennen – wobei diese natürlich auch andere Ursachen haben können. Dennoch, Sie können auf Folgendes achten:

- zu spät kommen und den anderen warten lassen
- Termine vergessen
- etwas aus Versehen verschütten oder fallen lassen
- in den falschen Zug einsteigen
- unbeteiligt sein
- Überheblichkeit
- Ironie, Spott, Sarkasmus, Zynismus
- »Ist mir doch egal«-Stimmung
- Rückzug

Indem wir unsere Wut wahrnehmen, nehmen wir sie auch schon ein bisschen an. Es ist ein wichtiger erster Schritt im Umgang mit diesem mächtigen Gefühl, dass wir es nicht verleugnen oder ignorieren. Außerdem können wir dadurch, dass wir uns die Wut bewusst machen, schon eine Distanz zwischen unserer Wut und unserer Handlung entstehen lassen – wir werden nicht mehr völlig von ihr überwältigt, sondern können steuern, wie wir mit ihr umgehen.

### *Übung: Was macht mich so richtig wütend?*

Schreiben Sie auf, was Sie wütend macht und aus der Haut fahren lässt. Sie können folgenden Satz vervollständigen:
- Ich bin wütend auf Menschen, die ...
- Ich bin wütend, wenn ...

Wenn Sie mehrere Dinge aufgeschrieben haben (das können auch aktuelle Beispiele sein), fragen Sie sich:
- Warum lehne ich ... ab?
- Was befürchte ich, wenn Menschen so etwas tun, wenn so etwas passiert?

Durch diese Übung lernen Sie sich, Ihre Gefühle und die dahinter stehenden Befürchtungen besser kennen.

## *Akuter Ärger oder tiefe Wut?*

In unserem Alltag kommen häufig Situationen vor, die uns ärgern und wütend machen. Wie wir darauf reagieren und damit umgehen, kann sehr unterschiedlich sein und hängt von mehreren Faktoren ab.

Es kann sein, dass wir kurzzeitig wütend werden, der Ärger aber genauso schnell wieder verfliegt, wie er gekommen ist. Die Ursachen waren geringfügig und wir können damit umgehen.

Es kann aber auch sein, dass eine Alltagssituation eine tiefe, unterdrückte Wut auslöst. Im Gegensatz zum akuten Ärger lässt sie sich nicht so schnell wieder auflösen und kann uns noch tagelang beschäftigten. Sie bringt uns an unsere Grenzen, wir fühlen uns überfordert und wissen nicht, wie wir damit umgehen sollen. Es kann zu heftigen körperlichen Reaktionen kommen: Herzklopfen, Sehstörungen, Atembeschwerden, Migräne. Bei akutem Ärger kann es zwar auch zu körperlichen Reaktionen kommen, diese gehen jedoch schneller wieder vorüber.

***Herzklopfen, Sehstörungen, Atembeschwerden, Migräne – Begleiter der Wut.***

Wenn sich Wut auf eine so intensive Art äußert, hat sie ihren Ursprung meistens in der Kindheit. Die aktuelle Situation löst eine tief vergrabene Erinnerung aus. Sie kann dabei auch von Gefühlen wie Angst, Hilflosigkeit und Ohnmacht begleitet sein.

## *Ein typisches Beispiel für akuten Ärger*

Sie sind sowieso schon spät dran, vielleicht hat der Wecker nicht geklingelt oder Sie sind irgendwie aufgehalten worden. Ihr Chef erwartet Sie zu einer Besprechung, jede Minute ist knapp, Sie müssen nur noch einen Parkplatz finden. Und tatsächlich ist direkt vor Ihnen noch einer frei. Sie fahren den Wagen in die entsprechende Position, stellen den Blinker an und genau in dem Moment, wo Sie das Auto zurücksetzen wollen, kommt ein anderer Wagen von rechts und nimmt Ihnen den Parkplatz vor der Nase weg. Sie sind fassungslos, empört und wütend. Sie steigen aus und beschimpfen den anderen Fahrer. Dieser lässt Sie jedoch einfach stehen und verschwindet.

In so einem Fall haben Sie keine Zeit, sich lange mit Ihrem Ärger zu beschäftigen, denn Sie haben einen Termin und müssen weiter funktionieren. Und nun?

## *Erste Hilfe bei akutem Ärger*

Wenn Sie richtig wütend sind, können Sie ein paar Dinge tun, um die Energie erst einmal abzulassen und sich unter Kontrolle zu bekommen:

- Durchatmen. Atmen Sie ein paar Mal tief ein und aus, Sie können dabei eine Hand auf Ihren Bauch legen.
- Sprechen Sie Ihre Wut innerlich aus. Sie können zum Beispiel zu sich sagen: »Ich bin so wütend!« »Mann, bin ich sauer!«, »Ich koche vor Wut!« usw. Niemand wird merken, womit Sie innerlich beschäftigt sind. Gleichzeitig werden Sie sich besser fühlen, wenn Sie Ihre Wut, wenn auch stumm, aussprechen können. Ihren Tätigkeiten können Sie dabei weiter nachgehen.
- Verlassen Sie – wenn möglich – kurz den Ort des Geschehens und ziehen Sie sich zurück. Jeder wird Verständnis dafür haben, wenn Sie mal kurz zur Toilette gehen müssen. Vor dem Spiegel können Sie Grimassen schneiden, die Zunge herausstrecken und die Zähne zeigen, die Fäuste ballen und vielleicht sogar knurren oder Töne von sich geben. Stellen Sie sich dabei Ihren Wutadressaten vor. Bevor Sie zurück zu ihm oder anderen Menschen gehen, atmen Sie ein paar Mal tief ein und aus.

Und wenn sich die Gelegenheit ergibt, können Sie in einem geschützten Rahmen auch:

- Geschirr zerschlagen, Holz hacken und Papier zerreißen… Manchen Menschen hilft es im akuten Falle des Ärgers, auf eine solche Weise wieder ruhiger zu werden. Sie tun die Aktion dann sehr bewusst und in dem Sinne behutsam und gezielt, dass niemand zu Schaden kommt. Sie zerschlagen – wenn die Umgebung es zulässt – alte Teller, Tassen oder Gläser, hacken Holz oder zerreißen alte Telefonbücher.

Die zuletzt genannte Möglichkeit hilft nicht nur in akuten Situationen. In einer unserer Gruppen hat eine Frau mal mit Begeisterung ein ganzes Telefonbuch auseinander genommen, währenddessen schluchzte, heulte und brüllte sie vor Wut und Schmerz. Hinterher war das Telefonbuch im ganzen Raum verteilt und eine glückliche und stolze Frau blickte auf ihr Werk.

## Die vielen Ursachen von Wut

### *Warum werden wir eigentlich wütend?*

Wir werden wütend,

- wenn unsere Erwartungen an andere oder an uns selbst enttäuscht werden,
- wenn wir nicht bekommen, was wir brauchen, oder etwas nicht so läuft, wie wir wollen,
- wenn wir uns ungerecht behandelt fühlen,
- wenn wir angegriffen werden,
- wenn wir uns gekränkt, verletzt, ohnmächtig und hilflos fühlen,
- wenn wir abgelehnt und verlassen werden.

Außerdem ärgern wir uns über Ungerechtigkeiten in der Politik, Missstände in der Gesellschaft, Arbeitslosigkeit, Kriege etc.

### *Übung: Das Gefühl Wut*

Um noch etwas vertrauter mit Ihrer Wut zu werden, sollten Sie es sich für einen Moment bequem machen und über die folgenden Fragen nachdenken:

- Wann war ich das letzte Mal richtig wütend? Versuchen Sie sich daran zu erinnern.
- Was ist genau passiert?
- Warum bin ich wütend geworden?
- War jemand daran beteiligt und wenn, wer?
- Wie habe ich mich gefühlt?
- Wie bin ich mit diesem Gefühl der Wut umgegangen?

### *Beispiel*

Paul hat seiner Mutter versprochen, einkaufen zu gehen. Sie kommt mit der Vorfreude von der Arbeit nach Haus, dass alles schon da ist und sie gleich mit dem Kochen beginnen kann. Umso größer ist ihre Enttäuschung, als sie entdeckt, dass Paul den Einkauf vergessen hat. Sie hatte einen stressigen Tag und ist völlig entnervt. In dieser Verfassung geht sie zu Paul und begrüßt ihn vorwurfsvoll mit den Worten: »Warum hast du nichts eingekauft, geh jetzt bitte gleich los und hol die Sachen, die wir brauchen, sonst wird es mit dem Essen wieder so spät!« Paul, der ebenfalls keinen angenehmen Tag gehabt hat, reagiert darauf wütend: »Ich bin nicht der Einzige, der hier essen will. Du kannst ja auch Miriam schicken, die muss nie etwas tun und hat sowieso viel mehr Zeit als ich.« Daraufhin wird die Mutter noch wütender: »Nie kann man sich auf dich verlassen, immer schiebst du die Verantwortung an andere ab.« Sie knallt die Tür zu und geht wütend in die Küche zurück. Paul bleibt voller Zorn in seinem Zimmer sitzen. Beide sind enttäuscht und verletzt. Schließlich geht die Mutter einkaufen und bereitet eine einfache Mahlzeit zu. Beim gemeinsamen Essen verziehen weder Paul noch seine Mutter eine Miene. Nur Miriam, die Schwester, plappert munter drauflos, da sie den Streit nicht mitbekommen hat.

Kennen Sie solche Momente? Wie hätten Sie reagiert? Welche Reaktionen konnten Sie beim Lesen an sich selbst beobachten? Wir werden später noch einmal auf dieses Beispiel zurückkommen und uns anschauen, welche Verhaltensalternativen es gegeben hätte.

## *Kleinigkeiten reichen oft zur Explosion*

Um den Ursachen für Wut auf die Spur zu kommen, ist es hilfreich, genau zu beobachten, was in einer solch emotionalen Situation geschieht. Denn oftmals ist das Maß der Wut gar nicht dem Ereignis angemessen, das sie ausgelöst hat.

*Beispiel*

Frau und Herr B. befinden sich im Urlaub in Italien. Am Abend kehren sie in eine Pizzeria ein. Das Restaurant ist mäßig besetzt, der Kellner nimmt ihre Bestellung entgegen. Da beide recht hungrig sind, hoffen sie, dass es schnell geht. Sie unterhalten sich angeregt und zunächst vergeht die Zeit wie im Fluge. Nach etwa 25 Minuten werden die beiden jedoch ungeduldig und beschließen den Kellner zu fragen, wie lange es noch dauert. Dieser wirkt etwas überrascht, sagt dann aber, dass das Essen sofort kommen werde. Beide haben den Eindruck, dass er ihre Bestellung vergessen hat. Nach etwa weiteren zehn Minuten kommt die Pizza. Sie ist nicht durch und schmeckt entsprechend. Herr B. ist vor Enttäuschung und Wut ganz sprachlos, so dass Frau B. die Initiative ergreift. Sie ruft den Kellner herbei und beschwert sich. Dieser entschuldigt sich vielmals und verspricht, in wenigen Minuten neue Pizzen zu bringen. Während Frau B. gerne noch bleiben würde, ist Herr B. so frustriert, dass er das Lokal auf dem schnellsten Wege verlassen möchte. Die beiden zahlen die Getränke und gehen.

Auf dem Nachhauseweg schimpft Herr B. in einem fort, er kann sich gar nicht mehr beruhigen. Frau B. ist zwar auch enttäuscht über den Verlauf des Abends, aber da sie sich beschwert hat und ihren Ärger dem Kellner gegenüber angemessen zum Ausdruck bringen konnte, tritt das Ereignis für sie schon wieder etwas in den Hintergrund. Sie überlegt bereits, wohin sie jetzt gehen könnten. Sie ordnet das Erlebnis unter die Rubrik »Urlaubsabenteuer« ein und stellt sich schon vor, wie sie ihren Freundinnen davon berichten wird. Außerdem nimmt sie sich vor, das Lokal in Zukunft zu meiden.

Für Herrn B. hingegen ist der Abend gelaufen. Plötzlich findet er an allem etwas auszusetzen. Er mag auch nirgendwo mehr hingehen, der Appetit ist ihm vergangen. »Wer kam überhaupt auf die Idee, nach Italien in den Urlaub zu fahren!« Im Hotel angekommen, legt er sich sofort missgelaunt in sein Bett und zieht sich die Decke über den Kopf.

## *Unterschiedliche Reaktionen auf dieselbe Situation*

Frau B.s. Ärger entspricht der Situation. Sie kann ihren Ärger in dem Beispiel angemessen zum Ausdruck bringen und erfährt durch die Entschuldigung des Kellners sofort eine Entlastung. Dadurch kann sie das Ereignis nach relativ kurzer Zeit verarbeiten und sich wieder anderen Dingen zuwenden.

Herr B. hingegen reagiert weitaus betroffener, als es der Situation entspricht. Bei ihm wird durch das Ereignis in der Pizzeria ein tieferes Gefühl angesprochen, möglicherweise erinnert es ihn an eine Situation aus seiner Kindheit, in der er sich ungerecht behandelt fühlte. Deshalb kann er auch nicht angemessen reagieren. Er fühlt sich hilflos und ohnmächtig vor Wut wie ein Kind. Erst nach dem Verlassen des Restaurants findet er seine Sprache wieder und kann seine Wut artikulieren. Herrn B.s. Reaktion im Restaurant wirkt hilflos, er verstummt. Letztlich schützt ihn das aber vor einem unkontrollierten Wutausbruch. Instinktiv tritt er erst einmal den Rückzug an, bis er wieder angemessen reagieren kann.

***Rückzug kann auch vor offenen Ausbrüchen schützen.***

Als Herr B. am nächsten Morgen aufwacht, hat er schon mehr Abstand zu der Situation gewonnen. Im Gespräch mit Frau B. wird ihm bewusst, warum er so wütend geworden ist. Im Nachhinein kann er den berechtigten Ärger auf den Kellner und die tiefe Wut, die durch den Vorfall in ihm ausgelöst wurde, voneinander unterscheiden.

Wenn die emotionale Reaktion auf einen Konflikt ungewöhnlich stark und lang ist, kann es ein Hinweis darauf sein, dass ein tiefes »altes« Gefühl angesprochen worden ist. Die Ursachen dafür liegen meistens in der Kindheit und manchmal auch in der Beziehungsdynamik.

### *Übung: Angemessene und unangemessene Reaktionen*

Nehmen Sie sich einen Augenblick Zeit und schreiben Sie Situationen aus der letzten Woche auf, in denen Sie angemessen auf eine Situation reagieren konnten. Notieren Sie dann Situationen, in denen Sie überreagiert haben. Überlegen Sie, ob Sie dabei möglicherweise an etwas aus Ihrer Vergangenheit erinnert wurden.

Der erste Schritt, etwas an seinem Verhalten zu verändern, besteht immer darin, sich bewusst zu werden, was eigentlich geschieht. Erforschen Sie deshalb Ihr Verhalten so offen wie möglich und verurteilen Sie sich nicht dafür.

Es kann sein, dass es Ihnen schwer fällt, zu unterscheiden, ob die Situation, die Sie wütend gemacht hat, mit einer akuten Situation oder mit Ihrer Vergangenheit zusammenhängt. Das hat unter anderem damit zu tun, dass wir nicht zu all unseren Kindheitserlebnissen einen Zugang haben. Gerade schwere traumatische Erlebnisse sind oft tief verschüttet und werden erst durch eine behutsame therapeutische Unterstützung wieder zugänglich.

### *Übung: Akuter Ärger oder tiefe Wut?*

Nehmen Sie sich mindestens eine Stunde Zeit für diese Übung. Sie gibt Ihnen die Möglichkeit zu erkennen, ob Sie in einer bestimmten Situation mit akutem Ärger oder mit einer tiefen, unterdrückten Wut zu ringen hatten (Teil 1 und 2). Außerdem hilft sie Ihnen, die eventuell hinter der Wut verborgenen Gefühle zu entdecken (Teil 3 bis 5).

1. **Erinnern Sie sich an eine unangemessene Reaktion.** Wann haben Sie einmal überraschend stark reagiert und waren unverhältnismäßig wütend? Sie haben sich danach vielleicht gefragt: »Warum bin ich eigentlich so wütend geworden? Wieso fühlte ich mich derart verletzt?«

   Versetzen Sie sich noch einmal in die betreffende Situation. Versuchen Sie, sich selbst aus der Emotion heraus zu beschwichtigen: »Sie ist doch noch ein Kind, warum rege ich mich bloß so auf«, »Er kann doch nichts dafür, dass er zu spät gekommen ist, der Chef hat ihn aufgehalten«, »Sie tut ja alles, um es besser zu machen, aber sie kann halt nicht aus ihrer Haut.« Wenn Sie merken, dass Ihre Erklärungsversuche nicht fruchten und die Wut bleibt, fragen Sie sich, ob es öfter vorkommt, dass Sie sich so fühlen. Wenn Ihre Emotion anhält und sich auch mit innerem Abstand nicht auflöst, könnte es sein, dass hier ältere und tiefere Gefühle im Spiel sind.

2. **Fühlen Sie.** Schicken Sie alle Gründe gegen die Wutgefühle weg und lassen Sie sich auf das Fühlen ein. Geben Sie sich Übertreibungen hin. Tauchen Sie tief in die Situation ein und erlauben Sie sich, die Wut zu spüren – Ärger, Angst und Verzweiflung, alles darf sein. Tun Sie nichts, fühlen Sie nur. Die Vermeidung unangemessen erscheinender Gefühle trägt viel zu ihrem Fortbestehen bei. An dieser Stelle der Übung haben Sie schon viel erlebt und über sich selbst herausgefunden. Sie können jetzt gern aufhören. Wenn Sie jedoch bereit sind, noch einen Schritt weiterzugehen, dann tun Sie das.

3. **Was habe ich noch gefühlt?** Stellen Sie sich die Frage, ob es in der Situation noch ein weiteres Gefühl gab, das Sie übersprungen haben. Spüren Sie wieder zu der Begebenheit hin und nehmen Sie wahr, welches andere Gefühl sich vielleicht noch gezeigt hat. Es kann ein Gefühl sein, das Sie nicht zugeben wollen, weil es Ihnen unpassend erscheint oder peinlich ist.

Wenn Sie kein anderes Gefühl entdecken, kann das bedeuten, dass es wirklich nur um Ihre Wut ging. Manchmal verstecken sich hinter unserer Wut aber auch unerfüllte Bedürfnisse oder unangenehme Gefühle wie Ohnmacht und Hilflosigkeit. Fühlen Sie, was sich zeigen will.

4. **Woran erinnert mich das?** Suchen Sie nach Erlebnissen oder Menschen, die in der Vergangenheit ein ähnliches Gefühl bei Ihnen ausgelöst haben. Versuchen Sie, sich noch mehr auf das hinter Ihrer Wut verborgene Gefühl einzulassen. Hilfreich kann es sein, die Position zu wechseln und sich mal wie von außen zu betrachten, als ob Sie ein anderer wären. Stellen Sie sich ausgehend von dieser Perspektive die Frage: Wie habe ich mich in der entsprechenden Situation verhalten? Welches Gefühl habe ich mit meinem Verhalten versteckt?

   Vielleicht stellen Sie fest, dass das nun aufgetauchte Gefühl genauso stark ist wie die anfängliche, offensichtliche Emotion und dass diese verschwindet und unwichtig wird, wenn Sie sich dem verborgenen Gefühl zuwenden.

   Stellen Sie sich nun drei konkrete Fragen zu dem Menschen, um den es in dieser Situation ging:
   1. Was erinnert mich an dieser Person an mich selbst? Erinnert sie mich an etwas in mir, was ich nicht mag?
   2. Welche Erwartungen hat dieser Mensch an mich? Welche Vorstellungen habe ich darüber, was er von mir erwartet?
   3. Was versuche ich mit meiner anfänglichen, wütenden Emotion zu verbergen? Was versuche ich mir oder dem anderen zu beweisen?

5. **Suchen Sie nach dem Muster.** Forschen Sie nach Verbindungen zwischen dem vordergründigen und dem dahinter liegenden Gefühl. Vielleicht gab es schon andere Momente, in denen Sie gespürt haben, dass Sie mit Ihrer Wut andere Gefühle verdecken. Versuchen Sie sich an diese Ereignisse zu erinnern. Es gab womöglich

Situationen in Ihrem Leben, wo Sie sich bemühten Recht zu behalten, obwohl Sie selbst schon Zweifel in sich gespürt haben. Vielleicht gab es auch Momente, in denen Sie wütend wurden, obwohl Sie sich innerlich klein und verletzlich fühlten.

Hinter der Wut können sich viele andere Gefühle verbergen. Wenn Sie damit in Kontakt treten, kann sich Ihre Wut verändern und Ihre Sicht wird frei für das Wesentliche.

## *Wenn die Wut verschoben wird*

Anhand des Beispiels von Frau und Herrn B. wird deutlich, dass Menschen unterschiedlich auf ein und dieselbe Situation reagieren können. Manchmal liegt das daran, dass die Wut verschoben wird. Vielleicht war Herr B. schon vor dem Restaurantbesuch wütend, vielleicht hatte er sich über Frau

B. geärgert, vielleicht hatte er vor dem Urlaub Ärger an seinem Arbeitsplatz und diesen noch gar nicht verarbeitet. Dann war das Erlebnis in der Pizzeria der sprichwörtliche Tropfen, der bei ihm das Fass zum Überlaufen gebracht hat.

Es kommt häufig vor, dass wir unsere Wut verschieben, schon deshalb, weil es manchmal unmöglich ist, direkt auf die Ursachen oder den Verursacher unserer Wut zu reagieren. Manchmal wissen wir auch gar nicht genau, weshalb wir wütend sind.

Damit Ihre Wut an die richtige Adresse gerät und nicht jemand grundlos Ihre Wut abbekommt, ist es wichtig, dass Sie sich fragen, was Sie gerade wütend macht. Manchmal ist es gar nicht so leicht, diese Frage zu beantworten. Dann könnte der erste Schritt sein, sich zurückzuziehen, innezuhalten und die Wut zu erforschen. Sie könnten sich zum Beispiel bewusst machen, wo sich Ihre Wut im Körper befindet und was sie sagen würde, wenn sie sprechen könnte. Indem Sie sich Ihrer Wut auf eine solche Weise zuwenden, wird meistens deutlicher, auf wen Sie wütend sind und weshalb. Sie können dann auch erkennen, ob es sich bei Ihrer Wut um akuten Ärger oder eine tiefe, unterdrückte Wut handelt.

***Manchmal wissen wir gar nicht , weshalb wir wütend sind.***

## Die momentane Verfassung

Wie schnell wir in Rage zu bringen sind, hängt auch mit unserer Verfassung zusammen. Jemand, dem es gut geht, der in sich ruht und drei Wochen Urlaub hinter sich hat, wird sicherlich nicht so schnell wütend wie jemand, der seit Wochen Überstunden macht und gerade von seiner Freundin verlassen worden ist. Wenn die Nerven blank liegen, braucht es nicht viel, damit wir ausrasten. Passiert das ein paar Mal, ist es noch zu verkraften. Wird es allerdings zum Dauerzustand, schadet es uns und unseren Beziehungen.

***Wer entspannt ist, wird nicht so schnell wütend.***

Deshalb sollten wir dafür sorgen, erst gar nicht in den Zustand der Überforderung zu kommen. Das lässt sich sicherlich nicht immer bewerkstelligen, aber es gibt mittlerweile viele Möglichkeiten, etwas für das seelisches Wohlbefinden zu tun:

- gesunde Ernährung
- ausreichend Schlaf
- offene Gespräche mit Freunden
- Meditation, Yoga, Qi Gong
- Bewegung (Spazieren gehen, Schwimmen, Fahrrad fahren)
- Aufenthalte in der Natur
- Sauna
- regelmäßige Urlaube
- etc.

Ergänzen Sie die Liste mit Vorschlägen, was Sie für Ihr seelisches Wohlbefinden tun können.

## Selbstwert

Auch wenn es uns an Selbstvertrauen und Selbstwert mangelt, sind wir leichter aus dem Gleichgewicht zu bringen. Ein unsicherer Mensch fühlt sich schneller gekränkt und angegriffen. Vor vielen Jahren habe ich in einem Jugendprojekt mit verhaltensauffälligen Jugendlichen gearbeitet. Da fühlte sich manch einer schon durch den Blick eines anderen tödlich beleidigt. Ein be-

sonders extremes Beispiel war, dass ein Jugendlicher auf einen anderen mit dem Messer losgegangen ist, weil der behauptet hatte: »Deine Mutter kocht schlecht.«

Ein selbstsicherer Mensch wird seltener wütend und wenn, dann gelingt es ihm eher, angemessen mit seiner Wut umzugehen. Währenddessen fühlt sich ein unsicherer Mensch schneller bedroht und neigt zu Überreaktionen.

*Ein unsicherer Mensch fühlt sich oft sehr schnell bedroht.*

Besonders Jugendliche glauben manchmal, dass Selbstbewusstsein gleichbedeutend ist mit Coolsein und Selbstbeherrschung. Das Gegenteil ist aber der Fall. Echtes Selbstbewusstsein können wir nur entwickeln, wenn wir auch unsere verletzlichen Seiten akzeptieren und diese im Falle eines Konflikts auch zulassen – Gewalt ist keine Lösung.

*Übung: Mein Selbstwertgefühl*

Gehen Sie in einer ruhigen Minute der Frage nach, wie es um Ihr Selbstwertgefühl steht. Es ist gut ausgeprägt, wenn

- Sie zufrieden mit sich sind,
- Sie sich nicht ständig mit anderen vergleichen,
- Sie Ihr Aussehen akzeptieren,
- Sie aufzählen können, weshalb Sie stolz auf sich sind,
- Sie Ihren Wert kennen und wissen, was Sie können und was nicht,
- Sie sich auch mit Ihren verletzlichen Seiten annehmen,
- Sie anderen Menschen zuhören können,
- Sie sich auf Ihre Stärken besinnen und Ihre Energie konstruktiv einsetzen.

Welche Kriterien treffen auf Sie zu? Was können Sie tun, um Ihr Selbstwertgefühl zu stärken?

## *Konfliktsucht – Stress als Kick*

Im Gegensatz zu Menschen, die ihre Wut unterdrücken, und denen, die ab und zu überkochen, gibt es auch Menschen, die immer unzufrieden und aggressiv sind, die es ihrer Umwelt schwer machen und die Atmosphäre vergiften. Sie haben an allem etwas auszusetzen und man kann ihnen nichts recht machen. Ihr Problem ist nicht, dass sie sich nicht äußern können, sondern dass sie mit ihrem Leben unzufrieden sind und das an anderen auslassen. Anstatt etwas an ihrer Situation zu verändern, verharren sie in destruktiven Strukturen und machen das ihren Mitmenschen oder der Gesellschaft zum Vorwurf.

***Manche Menschen sind Dauernörgler.***

Ihre Wut ist nicht konstruktiv, sondern verletzend und niedermachend. Harmonie können sie nicht ertragen und in ihren Beziehungen gibt es ständig Stress und Konflikte. Man hat den Eindruck, dass sie geradezu süchtig danach sind.

Sie übernehmen keine Verantwortung für sich und ihr Leben. Damit sich etwas bei ihnen verändert, müssten sie eine andere Haltung zum Leben entwickeln und begreifen, dass sie für sich selbst verantwortlich sind. Oftmals haben genau diese Menschen eine sehr traumatische Geschichte. Deshalb fällt es ihnen so schwer zu verstehen, dass sie selbst und nicht die anderen den ersten Schritt tun müssen, um etwas zu verändern.

## Die Wut, die aus der Kindheit kommt

Wut ist ein Gefühl, das entsteht, wenn wir frustriert werden und nicht bekommen, was wir wollen, oder wenn etwas gegen unseren Willen mit uns gemacht wird. Kleine Kinder äußern ihren Zorn noch recht ungehemmt, wenn ihre Bedürfnisse nicht erfüllt werden. Sie schreien laut, wenn sie Hunger haben oder in den Arm genommen werden wollen. Sie tun es nicht, um ihre Eltern zu ärgern, sondern weil sie sich noch nicht anders verständlich machen können. Es ist ihre Art zu signalisieren: »Ich brauche etwas.«

Wenn ihr Protest jedoch immer wieder ignoriert wird oder sie für ihre Gefühlsäußerungen bestraft und abgelehnt werden, lernen sie allmählich, sich anzupassen. Da sie auf die Zuneigung ihrer Eltern angewiesen und von den Bezugspersonen abhängig sind, werden sie sich möglicherweise zu braven, stillen Kindern entwickeln, die später als Erwachsene Schwierigkeiten haben, ihre Gefühle zu zeigen. Vielleicht werden sie aber auch eine Trotz- und Protesthaltung gegenüber ihrer Umwelt einnehmen und als Erwachsene ständig in Auseinandersetzungen verwickelt sein.

***Ein Kind signalisiert durch Wut, dass es etwas braucht.***

Kinder, die von ihren Eltern geschlagen werden oder erleben, dass ein Elternteil dem anderen Gewalt antut, haben es besonders schwer, einen positiven Umgang mit ihren Aggressionen zu entwickeln. Ihre Erfahrung ist, dass Aggression gleichbedeutend mit Schmerz und Zerstörung ist, und sie tun alles, um diese zu vermeiden. Oft treffen diese Kinder – unbewusst – die Entscheidung, dass sie niemals so wie ihre Eltern werden möchten. Ein verhängnisvoller Entschluss, der es ihnen später umso schwerer macht, einen angemessenen Umgang mit Wut und Aggression zu entwickeln.

Die Wut, die Sie als Kind vielleicht nicht ausdrücken konnten, ist nicht verschwunden. Sie hat sich nicht aufgelöst, sondern wurde nur verdrängt. Und auch das Kind von damals existiert in gewisser Weise immer noch – als Ihr inneres Kind, ein Wesensanteil in Ihnen, der vereinfacht gesagt dem Kind entsprechen kann, das Sie einmal waren.

***Nicht ausgelebte Wut bleibt in uns stecken.***

Die folgende Übung können Sie ausprobieren, wenn Sie sich beunruhigt und ängstlich fühlen. Vielleicht ist es am Anfang schwierig für Sie, sich Ihr inneres Kind vorzustellen. Lassen Sie sich einfach Zeit, damit vertraut zu werden. Die Übung hilft Ihnen, mehr Halt in sich zu finden und zu sich zu stehen. Sie können Sie jederzeit wiederholen, wenn Sie innere Stärkung brauchen.

***Noch ein paar Worte zu inneren Reisen:***

Fantasiereisen sind Reisen in Ihre innere Welt. Ich habe einige davon in dieses Buch aufgenommen, da sie eine wertvolle Hilfe auf dem Heilungsweg sein können. Sie begeben sich dafür in einen entspannten, ruhigen Zustand und lassen innere Bilder zu, die in Ihnen aufsteigen. Am Anfang kann das noch etwas befremdlich sein, aber je öfter Sie reisen, desto vertrauter werden Sie mit der Methode. Sie kommen in einen Zustand, der vergleichbar mit der Phase zwischen Schlafen und Aufwachen ist. Fantasiereisen vermitteln Entspannung, positive Gedanken und Gefühle. Sie fördern die Fantasie und Kreativität und helfen dabei, Stress abzubauen und das innere Gleichgewicht wiederherzustellen. Und natürlich haben sie jeweils ein bestimmtes Ziel, ein bestimmtes zentrales Thema.

***Innere Bilder für die Heilung.***

Fantasiereisen können zu zweit gemacht werden. Dafür sollten sich Menschen zusammenfinden, die sich kennen und die sich vertrauen. Dann kann einer den Text langsam und ruhig vorlesen, während der andere auf Reisen geht. Danach können Sie tauschen. Sie können sich den Text aber auch auf Band sprechen und dann abspielen, wenn Sie allein reisen möchten. Wenn Ihnen solche inneren Reisen bereits vertraut sind, dürfte es auch kein Problem für Sie sein, sich mit dem Text so intensiv vertraut zu machen, dass Sie diese dann ohne Kassette oder Vorleser durchführen können.

### *Übung: Inneres Kind*

Finden Sie einen Platz, an dem Sie für die nächsten 30 Minuten ungestört sein können. Sie sollten sich dort wohl und sicher fühlen. Erinnern Sie sich jetzt an eine Zeit in Ihrer Kindheit, in der Sie etwas verängstigt und beunruhigt waren. Es sollte sich dabei nicht um den schrecklichsten Vorfall in Ihrer Kindheit handeln, sondern einfach um einen Moment, in dem Sie sich einsam und verlassen fühlten. Ich erinnere mich beispielsweise an eine Situation, als meine damals beste Freundin sich verliebt hatte. Plötzlich hatte sie kaum noch Zeit für mich. Vorher hatten wir jede freie Minute zusammen verbracht und nun schrumpften unsere gemeinsamen Aktivitäten auf ein Minimum zusammen. Ich fühlte mich verlassen und wusste nicht, was ich tun sollte. Am schlimmsten waren die Sonntagnachmittage.

Denken Sie an eine Situation, in der es Ihnen ähnlich ergangen ist. Vergegenwärtigen Sie sich möglichst genau alle Einzelheiten des Moments: Wo haben Sie sich befunden, welche Atmosphäre umgab Sie, zu welcher Tageszeit fand die Situation statt, welche Geräusche konnten Sie hören, welche Jahreszeit war gerade etc.? Atmen Sie dabei ruhig weiter.

Können Sie sich als Kind wahrnehmen und spüren? Dann sprechen Sie nun zu dem Kind von damals. Sie können ihm sagen, dass es sich jetzt entspannen kann. Sie können ihm vorschlagen, es in den Arm zu nehmen. Vielleicht braucht es etwas Zeit und kann sich Ihnen erst allmählich anvertrauen. Vielleicht spüren Sie, wie seine Erstarrung und Angst langsam nachlassen.

Sie können ihm sagen: »Ich bin jetzt für dich da und werde dich niemals wieder verlassen.« Beobachten Sie, wie das Kind darauf reagiert. Vielleicht müssen Sie den Satz mehrmals wiederholen, bis das Kind Ihnen glaubt. Sie können es auch fragen, was ihm gut tun würde. Vielleicht möchte es gestreichelt werden, vielleicht möchte es, dass Sie ihm etwas vorlesen, oder es wünscht sich eine Tasse heißen Kakao. Gehen Sie in Ihrer Vorstellung auf die Bedürfnisse des Kindes ein, so dass es sich allmählich immer sicherer und geborgener fühlt. Atmen Sie gemeinsam mit dem Kind ein und aus. Ermutigen Sie es, seine Gefühle zu spüren und darüber zu klagen und zu weinen, wie einsam und verlassen es sich damals gefühlt hat. Halten Sie es dabei in den Armen und flüstern Sie ihm zu, wie lieb Sie es haben. Beenden Sie die Übung erst, wenn sich das Kind wieder besser fühlt. Sagen Sie ihm noch einmal, dass Sie immer bei ihm sind und es in schwierigen Situationen begleiten werden.[1]

## *Sei ein braves Kind! – Wut und Erziehung*

Wenn es uns als Erwachsenen schwer fällt, unsere Wut wahrzunehmen und zu äußern, hat es fast immer damit zu tun, inwieweit unsere Eltern unsere Wut akzeptieren konnten und welchen Umgang mit Wut sie uns vorgelebt haben.

Ich bin in den 60er Jahren groß geworden. Damals herrschte noch die Meinung, dass der Willen eines Kindes gebrochen werden muss, weil es sonst irgendwann nicht mehr zu bändigen ist und seinen Eltern auf dem Kopf herumtanzt. Sprüche, die wir zu hören kriegten, waren dieser Art: »Kinder mit 'nem Willen, kriegen was auf die Billen.« Es galt ein braves Kind zu sein und lächelnd mit einem Knicks die Erwachsenen zu begrüßen. Wütende Kinder wurden ausgeschlossen, durften nicht mitessen, wurden in ihr Zimmer geschickt, ausgelacht und bestraft. Durch die 68er Bewegung gerieten diese Methoden ins Wanken, der antiautoritäre Stil entwickelte sich. Heute allerdings scheint das Pendel erneut zurückzuschwingen. Viele Eltern gehen plötzlich wieder davon aus, dass sich das unangemessene Verhalten ihrer Kinder nur mit Drohen, Schimpfen und Strafen begrenzen ließe. Sie kämpfen, um sich Respekt zu verschaffen.

***Kinder brauchen liebevoll gesetzte Grenzen.***

Was Kinder brauchen sind klare Grenzen, damit sie sich orientieren können. Diese Grenzen sollten ihnen liebevoll gesetzt werden. Es ist notwendig, dass Eltern die Bedürfnisse ihres Kindes und ihre eigenen sehen und achten. Sie sollten die Wünsche ihres Kindes anerkennen, ohne sie erfüllen zu müssen. Und sie können ihm helfen, mit seiner Enttäuschung fertig zu werden, falls sie seine Wünsche nicht erfüllen können. So lassen sich Möglichkeiten finden, die für beide Seiten passen.[2]

Eltern, die selber wenig mit ihren Emotionen und Aggressionen umgehen können, werden es schwer haben, auf angemessene Art und Weise auf die emotionalen Ausbrüche ihres Nachwuchses einzugehen. Vielleicht empfinden sie ihr Kind als manipulativ und bedrohlich, wenn es wütend wird, und fühlen sich ohnmächtig und hilflos. Je sicherer Mütter und Väter im Umgang mit ihren eigenen Emotionen sind, desto besser werden sie sich auch in ihr Kind einfühlen und es begleiten können.

## *Unbewältigte Wut*

Als Kind konnten wir uns gegen die Angriffe und Ungerechtigkeiten unserer Eltern nicht wehren, zum einen waren wir noch zu klein, zum anderen waren wir von unseren Eltern abhängig – wir brauchten und liebten sie. Besonders Kinder, die abgelehnt, geschlagen oder sexuell missbraucht werden, machen die Erfahrung von absoluter Hilflosigkeit und Ohnmacht. Sie tragen noch als Erwachsene den tief verborgenen Schmerz in sich, von ihren eigenen Eltern mit ihren Bedürfnissen und Gefühlen nicht wirklich wahrgenommen und respektiert worden zu sein und nicht so angenommen und geliebt worden zu sein, wie sie sind. Diesem Trauma liegen meist alle anderen schmerzlichen Erfahrungen zugrunde. Es erzeugt eine Menge an innerer Wut, die im Organismus gespeichert bleibt und sich dann manchmal in ganz unpassenden Situationen entlädt. Es sind die Ereignisse, bei denen man sich hinterher nicht mehr erklären kann, warum man so heftig reagiert hat und ausgerastet ist.

***Warum bin ich bloß ausgerastet?!***

In unseren Beziehungen zeigen sich häufig unbewältigte Konflikte aus der Kindheit, da wir uns gegenüber den Menschen, die wir lieben, am meisten öffnen. Wir lassen sie einfach am nächsten an uns heran. Es kann auch sein, dass wir bestimmte Beziehungsdynamiken oder -muster aus unserer Ursprungsfamilie in unseren Beziehungen wiederholen. Und meistens projizieren wir das Altbekannte auf unseren Partner, dann sehen wir zum Beispiel in unserer Partnerin die vereinnahmende, besitzergreifende Mutter oder in unserem Partner den sich ständig entziehenden, abwesenden Vater. Das kann viele Emotionen auslösen, die seit der Kindheit verdrängt wurden. So unangenehm es ist, wir müssen davon ausgehen, dass es in Beziehungen immer wieder zu Projektionen kommt.

Sie sollten es sich nicht zum Vorwurf machen, wenn Sie wütend werden und Schwierigkeiten haben, damit umzugehen. Viel wichtiger ist, dass Sie lernen, neue Wege zu beschreiten. Der erste Schritt ist, sich darüber bewusst zu werden und es zu akzeptieren. Der zweite Schritt – wir hatten dazu schon eine Übung – ist sich zu fragen, worauf sich die Wut eigentlich wirklich bezieht. So werden Sie allmählich ein Gefühl dafür entwickeln, was tatsächlich zu Ihrem Gegenüber und der jeweiligen Situation gehört und was aus Ihrer Vergangenheit kommt. Wenn aufgrund von Kindheitserlebnissen viel unterdrückte Wut in Ihnen ist und Sie das Gefühl haben, wie auf einem Pulverfass zu sitzen, sollten Sie sich nicht scheuen, therapeutische Hilfe in Anspruch zu nehmen.

**Machen Sie sich keine Vorwürfe!**

Wenn Sie sich traurig, verlassen und überfordert fühlen, könnte Ihnen die folgende Übung helfen.

### *Übung: Ich bin nicht allein, ich habe mich*

1. **Dialog mit dem Kind, das Sie einmal waren.**
   Suchen Sie sich ein Kissen aus, das Sie so liebevoll wie möglich in beide Hände nehmen können. Stellen Sie sich dabei vor, dass dieses Kissen Sie selbst als ein kleines Kind symbolisiert. Können Sie spüren, was für ein lebendiges, zartes Wesen das ist? Sprechen Sie es an! Reden Sie mit ihm über seine natürlichen und vielleicht auch übertriebenen Ängste vor dem Alleinsein. Das wird vielleicht zwei Minuten dauern.

2. **Du bist nicht allein, du hast ja mich.**
   Nehmen Sie das Kissen, also sich selbst als kleines Kind, wie ein Baby in den Arm. Streicheln Sie es sanft. Sprechen Sie nun ruhig und liebevoll in Ihren eigenen Worten über seine Ängste. Sprechen Sie das Kind mit Ihrem Namen an und beginnen Sie jeden Satz mit der Formulierung: »Du bist nicht allein, du hast ja mich.« Etwa drei Minuten lang.

3. **Du bist nicht allein, du hast ja dich.**
   Stellen Sie sich vor, dass Sie nun schon etwas älter geworden sind, dass Ihr Verstand und Ihre Möglichkeiten, das Leben zu meistern, gewachsen sind. Nehmen Sie sich wieder als Kissen in die Arme, drücken Sie sich sanft gegen Ihre Brust. Machen Sie sich jetzt all Ihre Stärken und Kräfte, Ihre Talente und Fähigkeiten bewusst. Ignorieren Sie auch die Schwächen nicht, behandeln Sie sie wohlwollend. Sprechen Sie wieder tröstend und liebevoll mit sich, dem Kissen. Diesmal beginnen Sie jeden Satz mit der Formulierung: »Du bist nicht allein, du hast ja dich.« Wieder etwa drei Minuten.

4. **Ich bin nicht allein, ich habe mich.**
   Lassen Sie das Kissen liebevoll in Ihren Armen, legen Sie eine Hand sanft streichelnd darauf. Gehen Sie so langsam im Raum

umher. Spüren Sie zunächst, dass das Kissen, also Sie selbst, zu Ihnen gehört – es ist ein Teil von Ihnen, ein wichtiger Begleiter mit verschiedenen Stärken, ganz natürlichen Unzulänglichkeiten und Fähigkeiten. Sprechen Sie während des Gehens ruhig mit sich, dem Kissen. Nun beginnen Sie jeden Satz mit der Formulierung: »Ich bin nicht allein, ich habe mich.« Wieder drei Minuten.

**5. Verabschiedung**

Sie können nun das Kissen wieder in die Hände nehmen, sich für die Begleitung und die Erkenntnisse bedanken und sich noch einmal die Stärken bewusst machen, die Ihnen für Ihr Leben Sicherheit geben. Wenn es Ihr Tagesablauf und Ihre Umgebung erlauben sollten, können Sie das Kissen auch noch einige Zeit mit sich herumtragen. Es wird Sie immer wieder daran erinnern, dass Sie selbst Ihr eigener Begleiter sind und sich eine ganze Menge an Bedürfnissen selbst erfüllen können. Irgendwann werden Sie auf das Kissen verzichten wollen, weil Sie dann sicher sind: »Ich bin nicht allein, ich habe mich.«

Ein Kissen eignet sich anfangs ganz gut als Symbol für das kleine Kind, das Sie einmal waren. Sie können anstelle eines Kissens aber auch ein Stofftier oder eine Puppe wählen. Später ist es günstig, etwas zu nutzen, was Sie mühelos überall mit hinnehmen können.[3]

Wenn Sie keinen Zugang zu den Übungen mit dem inneren beziehungsweise dem kleinen Kind, das Sie einmal waren, finden, ist das nicht weiter schlimm. Sie können es immer mal wieder probieren, doch noch hineinzukommen. Vielleicht wollen Sie auch erst einige der anderen Übungen aus diesem Buch probieren.

## *Wie sind Ihre Eltern mit Wut umgegangen?*

Um herauszufinden, was unseren Umgang mit Wut und Aggressionen geprägt hat, ist es hilfreich, einen Blick auf die Vorbilder in der Vergangenheit zu werfen. Für mich sieht das so aus:

Mein Vater war ein sehr gütiger, weicher Mensch. Wenn er wütend war, zog er sich zurück in seine kleine Hobbywerkstatt und tauchte stundenlang nicht mehr auf. Ab und zu, bei Familienfeiern, wenn er etwas angetrunken war, konnte er sehr unangenehm werden und bitterböse, giftige verbale Pfeile abschießen. Meistens traf es einen völlig unvorbereitet. Ich gewann dadurch den Eindruck, dass es bei meinem Vater unter der Oberfläche brodelt und er viele Gefühle zurückhält. Er war zeit seines Lebens starker Raucher und starb mit noch nicht einmal 60 Jahren an einem Herzinfarkt.

An eine offene Auseinandersetzung zwischen meinen Eltern kann ich mich nicht erinnern, jedoch an tagelanges beleidigtes Schweigen. Meine Mutter beherrschte dieses vorwurfsvolle Schweigen perfekt. Zu ihrem Repertoire gehörten auch Migräneanfälle, Herzrasen und Schlaflosigkeit. Sie konnte jedoch auch offen wütend sein. Als Kind habe ich sowohl unter ihrer passiven Wut als auch unter ihren Wutausbrüchen gelitten, da ich mich noch nicht wehren konnte. Als Erwachsene lernte ich es zu schätzen, mit ihr zu streiten. Es ist wie bei einem Gewitter, bei dem sich zunächst schwere Wolken zusammenballen, dann grollt es ein bisschen, und schließlich kommt es zu einer heftigen Entladung. Anschließend herrscht dann bessere, saubere Luft. Ich achte meine Mutter dafür, dass sie einem nichts nachträgt und sich nach einem Streit auch entschuldigen kann, wenn sie im Unrecht war. Das ist dann nicht gekünstelt, sondern sehr echt und authentisch.

*Das Verhalten der wütenden Eltern.*

Den Umgang meiner Eltern mit Wut halte ich für durchaus typisch für die damalige Zeit. Sie gehören der Kriegsgeneration an, in der es noch stark tabuisiert war, Gefühle zu zeigen. Frauen hatten sich unterzuordnen, freundlich und nett zu sein, und von Männern wurde erwartet, dass sie tapfer sind und ihre Gefühle verbergen.

Wenn ich als Kind wütend war, wurde ich nicht ernst genommen, ich wurde ausgelacht, verspottet, für störrisch und dickköpfig erklärt, in mein Zimmer geschickt und mit Liebesentzug bestraft. Es war schmerzhaft, zu erkennen, dass es nur Nachteile hat, seine Wut zu zeigen und es leichter ist, sich anzupassen. Das Gefühl von Ungerechtigkeit aber blieb, bis schließlich auch das verschwand: Meine katholische Erziehung ließ mich bald glauben, dass ich ein schlechter Mensch sei, wenn ich nur einen winzigen aggressiven Gedanken in mir verspürte. Ich entwickelte mich zu einem lächelnden, freundlichen und braven Mädchen ohne Selbstvertrauen und eigenen Willen. Wutimpulse gab es kaum noch, und wenn, dann richtete ich sie gegen mich selbst.

Zum Glück traf ich später auf Menschen, die mich ermutigten und unterstützten, meine Gefühle wieder wahrzunehmen und dazu zu stehen. Ein Einsatz, der sich sehr gelohnt hat.

### *Übung: Meine Eltern und ihre Wut*

Halten Sie kurz inne und erforschen Sie, wie Ihre Eltern mit Wut umgegangen sind und wie Ihr eigener Umgang mit Wut davon geprägt worden ist. Sie können dazu die folgenden Sätze ergänzen:

- Wenn mein Vater wütend war ...
- Wenn meine Mutter wütend war ...
- Wenn ich als Kind wütend war ...

Tauchen Sie in diese Erinnerungen ein. Vielleicht fällt Ihnen dabei schon ein Bezug zu Ihrem heutigen Umgang mit der Wut auf.[4]

# Der ungesunde Umgang mit der Wut

## *Ängste vor der Wut*

Die meisten Menschen haben Angst davor, wütend zu sein und tun alles, bewusst oder unbewusst, um dieses Gefühl zu vermeiden. Manche behaupten sogar ganz stolz, dass sie noch nie in ihrem Leben wütend gewesen sind, während ihre Stimme, die Mimik und die Haltung etwas ganz anderes ausdrücken. Woran liegt es, dass wir so viel Angst davor haben, wütend zu sein?

### *Die Angst davor, nicht mehr geliebt und verlassen zu werden*

Wenn wir als Kind erleben, dass wir abgelehnt und verlassen werden, sobald wir trotzig und wütend sind, werden wir dieses Verhalten vermeiden und lernen, uns anzupassen. Das kann dazu führen, dass wir als Erwachsene unseren Ärger hinunterschlucken und unsere Aggressionen passiv ausleben – in Form von Beleidigtsein, Vorwürfen und innerem Rückzug.

Viele Menschen gehen in Beziehungen und Freundschaften jedem Konflikt aus dem Weg. Die Angst, den Partner oder Freund zu verlieren, wenn man für die eigenen Bedürfnisse eintritt und Forderungen stellt, ist sehr verbreitet. Da man sich dabei aber selbst nicht ernst nimmt, wächst auch die innere Wut weiter an – und wird wiederum unterdrückt. Um diesem Teufelskreis zu entkommen, ist es wichtig, sich seinen Ängsten vorm Verlassenwerden zu stellen. Je mehr Sie diese Ängste integrieren, sie als etwas, das zu Ihnen gehört, annehmen können, desto eher trauen Sie sich auch wütend zu sein.

***Wir haben Angst, nicht mehr geliebt zu werden.***

### *Die Angst vor der Reaktion der anderen*

Nicht nur, dass wir verlassen und abgelehnt werden könnten, macht uns Angst, sondern auch, dass unser Gegenüber ebenfalls wütend werden könnte, uns angreift und uns wehtut. Die Reaktion des anderen ist nicht vorhersehbar. Wut kann Schaden anrichten, wenn sie in unangemessener und verletzender Art und Weise geäußert wird oder den Falschen trifft. Es ist deshalb hilfreich, sich bei Konflikten an bestimmte Regeln zu halten. Wir werden uns noch ansehen, wie man Wut auf angemessene Art und Weise äußern kann.

Ein geschützter Rahmen kann sehr wichtig sein, um Wut auszudrücken, vor allem, wenn sie lange Zeit unterdrückt wurde und wir noch keinen geeigneten Umgang mit diesem Gefühl gelernt haben. Wenn wir uns also mit einem Menschen oder in einer Situation unsicher und unwohl fühlen, ist es zu empfehlen, sich erst einmal zurückzuziehen und die Wut an einem sicheren Ort zuzulassen (für sich allein, in Gruppen oder auch innerhalb einer Therapie).

*Wir haben Angst vor der Wut der anderen.*

### *Die Angst davor, die Kontrolle zu verlieren*

Wenn ich Menschen in meiner Praxis Übungen vorschlage, die sie an ihre Wut heranführen sollen, bekomme ich oft diese Befürchtung zu hören: »Wenn ich erst einmal anfange meine Wut zuzulassen, kann ich nicht mehr aufhören und würde die ganze Praxis kurz und klein schlagen.« In all den Jahren, in denen ich bisher therapeutisch arbeite, ist das allerdings noch nie passiert. Es ist höchstens mal ein Kissen kaputtgegangen.

Die Angst vor der Wut ist viel größer als die Wut selbst, und es ist möglich, sich ihr Schritt für Schritt zu nähern. Mit zunehmender Sicherheit trauen sich die Patienten, ihre Wut auszudrücken. Ich habe es noch nie erlebt, dass jemand die Kontrolle über sich verloren hat. Außerdem gibt es eine körperliche Grenze, nach etwa 15 bis 20 Minuten starken Wutausdrucks ist jeder so erschöpft, dass er von selbst aufhört.

*Sie behalten die Kontrolle über sich.*

In der therapeutischen Arbeit lernen die Menschen, mit ihrer Wut umzugehen, das heißt sowohl die Wut zu spüren, zuzulassen und auszudrücken, als auch sie bei sich zu halten (*containen*), um nicht in blinde Wut oder in destruktive Wutanfälle zu geraten. Das lässt sie im Umgang mit ihren Gefühlen sicherer werden.

Die Angst vor Kontrollverlust außerhalb des therapeutischen Rahmens ist nicht unbegründet. Wut ist ein starkes Gefühl. Da ist der Mann, der rot sieht und aus Eifersucht eine Prügelei anfängt, oder die Frau, der die Hand ausrutscht und die ihr Kind schlägt. Den meisten von uns ist schon mal der Kragen geplatzt und manchmal haben wir es bitter bereut. Wenn so etwas öfter passiert, ist es dringend notwendig, sich therapeutische Hilfe zu suchen, denn

dann hat sich schon viel Wut angestaut, die nur in einem geschützten Rahmen bearbeitet werden kann. Menschen, die psychosegefährdet oder suchtmittelabhängig sind, müssen in einem noch einmal stärker abgesicherten Rahmen betreut werden, da ihre Grenzen nicht sicher sind, sie könnten von ihren Gefühlen derartig überschwemmt werden, dass sie sich und andere ernsthaft gefährden.

Die meisten Menschen können schon sehr viel für sich selbst tun, um einen geeigneten Umgang mit ihrer Wut zu finden. Bei der folgenden Übung lernen Sie, Ihre Wut auszudrücken und sie dann plötzlich wieder anzuhalten. Das ist extrem wichtig, um gut mit Wut umgehen zu können, und zwar nicht nur für Menschen, die schnell aus der Fassung zu bringen sind und leicht explodieren.

### *Übung: Stop and Go*

Für diese Übung brauchen Sie einen Begleiter. Sie setzen sich vor ein Kissen oder stellen sich vor eine Matratze. In der Hand halten Sie einen Aggressionsschläger, auch Bataka genannt. Das sind spezielle Schaumstoffschläger, mit denen man sich nicht verletzen kann. Sie können natürlich auch Ihre Fäuste nehmen. Nun schlagen Sie auf das Kissen oder die Matratze. Sobald der Begleiter stop ruft, hören Sie auf. Wiederholen Sie das mehrere Male.

Am Anfang kann das Schlagen ruhig mechanisch sein. Es kann hilfreich sein, wenn Sie sich den Menschen vorstellen, auf den Sie wütend sind. Irgendwann werden Sie Ihre Wut stark spüren.

Variante: Sie schlagen auf das Kissen. Plötzlich hält der Begleiter Ihnen die Arme fest und lässt sie erst nach einer Minute wieder los. Auch das können Sie öfter wiederholen.

### *Die Angst vor Gefühlen*

Menschen, die eher rational ausgerichtet sind, scheuen vor Gefühlsäußerungen zurück. Sie brauchen das Gefühl, die Kontrolle über alles zu haben und fühlen sich auf unsicherem Terrain, wenn Wut und andere Emotionen auftauchen. Wenn das für Sie zutrifft, sollten Sie versuchen, das zu akzeptieren. Nähern Sie sich Ihren Gefühlen behutsam. Irgendetwas zu überstürzen oder zu forcieren, könnte sogar die gegenteilige Reaktion auslösen, nämlich dass Sie sich noch mehr verschließen.

***Das Unterdrücken der Wut kann vor alten Traumata schützen***

Wenn tiefe Gefühle über Jahre und Jahrzehnte zurückgehalten worden sind, kann das auch ein Hinweis auf schwere Verletzungen und Traumatisierungen sein. Vielleicht spüren wir, dass unsere Wut andere schmerzhafte Gefühle verbirgt, mit denen wir wieder in Kontakt kommen würden, wenn wir die Wut zulassen. Deshalb ist es wichtig, Schritt für Schritt vorzugehen und anzuerkennen, dass die Verdrängung unserer Wut vielleicht sogar eine schützende Funktion für uns selbst und andere hat.

Letztlich kommt es darauf an, eine gute Balance und das richtige Tempo zu finden zwischen unserem Wunsch, etwas verändern zu wollen, und unserer Angst vor neuen Schritten.

### *Die Angst vor Veränderung*

Wut erinnert uns daran, dass ein Zustand unerträglich geworden ist und wir etwas verändern müssen. Veränderungen aber machen Angst, insbesondere wenn sie unsere Beziehungen betreffen. Deshalb halten wir oft an Verhältnissen fest, die uns schon längst nicht mehr gut tun. Wir beschwichtigen unseren aufwallenden Zorn und fragen uns, ob wir überhaupt ein Recht dazu haben, wütend zu sein, und ob es etwas nützt, wenn wir wütend werden.

*Beispiel*

Die 50-jährige Klientin Frau B. begann eine Therapie, weil sie sich endlich von ihrem Mann trennen wollte. Sie lebte seit 20 Jahren mit ihm zusammen, fühlte sich in der Beziehung aber schon seit einiger Zeit nicht mehr wohl und kam sich von ihrem Mann zur Haushaltshilfe degradiert vor. Ihre Aufgabe war es, ihn zu verpflegen und zu versorgen. Gespräche, Nähe oder Intimität fanden schon lange nicht mehr statt. Ihre Versuche, Nähe herzustellen und über die Beziehung zu reden, scheiterten am Widerstand des Mannes. Da sie voller Ärger war, forderte ich sie in der Therapiestunde auf, ihrem Mann einfach mal alles zu sagen, was sie stört. Dazu legte ich ein Kissen in den Raum, das den Mann symbolisieren sollte. Sie setzte sich davor, brach aber schon nach ein paar Sätzen in Tränen aus. Die Angst vor einer möglichen Trennung verschlug ihr den Atem. So arbeiteten wir in der Therapie erst mal an diesem Thema. Sie hatte starke Verlustängste, da ihr Vater schon sehr früh gestorben war. Auch die Mutter hatte ihr keinen wirklichen Halt geben können, da sie psychisch krank und sehr labil gewesen war.

Im gleichen Maße, wie Frau B. ihre Ängste verarbeitete, konnte sie die Wut über das abwertende Verhalten ihres Mannes zulassen. Sie begann, ihn mit ihrer Unzufriedenheit zu konfrontieren und sich mit ihm zu streiten. Dadurch wurde die Beziehung noch einmal sehr intensiv, denn der Mann bemühte sich plötzlich wieder um seine Frau – angesichts einer möglichen Trennung wurde ihm bewusst, wie wichtig sie für ihn ist. Doch für Frau B. gab es kein Zurück mehr. Sie trennte sich, weil ihr klar geworden war, dass sie ihren Mann schon lange nicht mehr liebte und nur aus Angst vor dem Alleinsein geblieben war.

In diesem Beispiel wird deutlich, dass Frau B. erst nachdem sie ihre Ängste zugelassen hat, in der Lage ist, etwas zu verändern. Der Ärger ist zwar auch da, aber der erste Schritt war hier, die Angst zu fühlen.

### *Die Angst vor der gesellschaftlichen Verurteilung*

Wut und Aggressionen sind nach wie vor tabuisierte Gefühle. Während es Männern noch etwas eher zugestanden wird, auch mal auf den Tisch zu hauen, sind Frauen, die fordernd und aggressiv sind, den meisten Männern suspekt. Sie werden oft in die Schublade von Zicken, Furien und Emanzen gesteckt. Weibliche Wut wird schnell als hysterisch, lächerlich und ineffektiv abgetan. Aufgrund der bestehenden Rollenerwartungen empfinden Frauen mehr Angst und Schuldgefühle, wenn sie wütend werden. Sie widersprechen dann dem Ideal der verständnisvollen und harmonisierenden Frau. Aufgrund dessen werden sie eher traurig anstatt wütend, sie richten ihre Wut nach innen oder drücken sie indirekt aus – in Form von Beleidigtsein, emotionalem Rückzug und schweigendem Aussitzen der Situation.

***Männer dürfen sich eher mal wütend zeigen.***

Männliche Wut wird immer noch als machtvoll, angemessen und als Ausdruck von Stärke bewertet. Wenn Männer wütend sind, erfahren sie eher Anerkennung dafür und gelten dann als richtiger Kerl. Sie richten ihre Wut eher nach außen – in Form von Aktivitäten, Sport, Wettkämpfen und Gewalt. Auch wenn sie unangemessen wütend sind, wird es ihnen eher nachgesehen.

Männern fällt es aus diesen Gründen leichter wütend zu sein, sie stehen jedoch ebenfalls unter einem gesellschaftlichen Druck. Sie sollen stets cool und ohne Angst sein, auch wenn ihnen gar nicht danach zumute ist. Deshalb ist ihre Wut manchmal kontaktlos, verletzend und destruktiv. Oder sie geraten ins andere Extrem, lehnen ein allzu machohaftes und aggressives Verhalten ab und fühlen sich schuldig, wenn sie wütend sind.

Das traditionelle Rollenverständnis gerät jedoch immer mehr ins Wanken, so dass Männer nicht mehr nur das eine oder das andere Extrem bedienen und Frauen zunehmend mutiger werden, ihre Aggressionen auszudrücken.

Sich von den bestehenden gesellschaftlichen Urteilen zu lösen, geht vielleicht nicht von heute auf morgen, aber es lohnt sich. Menschen – Frauen wie Männer –, die zu ihrer Wut stehen, sind stark und unabhängig, sie zeigen selbstbewusst und offen ihre Gefühle und treten für ihre Bedürfnisse ein.

*Übung: Mein Bild von wütenden Menschen*

Nehmen Sie sich ein paar Minuten Zeit und beantworten Sie – am besten schriftlich – folgende Fragen:

- Welche Meinung habe ich von aggressiven Menschen?
- Wie bewerte ich das Verhalten von wütenden Männern und wie das von wütenden Frauen?
- In welcher Weise möchte und könnte ich diese Bewertungen verändern?

# Krank werden vor Wut – chronische Wut und ihre Folgen

## *Harmonie um jeden Preis?*

Menschen nehmen oft unerträgliche Zustände hin – aus Angst vor Veränderung. Sie sind unzufrieden und wütend auf den Partner, die Eltern oder den Chef, vermeiden aber die Auseinandersetzung. Sie bringen ihren Ärger und ihre Bedürfnisse nicht zum Ausdruck. Das kann so weit gehen, dass sie diese Impulse selbst gar nicht mehr wahrnehmen. Nicht selten verlagern sich die Aggressionen dann und tauchen in Form von Krankheiten, Depressionen, Essstörungen und so weiter wieder auf. Das kann schließlich dazu führen, dass die Menschen mehr mit ihren Symptomen beschäftigt sind als mit den eigentlichen Ursachen ihrer Probleme. Wenn sie sich ihren Problemen wirklich stellen würden, könnte das bedeuten, dass sie etwas verändern müssten, und obwohl sich das die meisten sehnlichst wünschen, ist die Angst davor oft viel größer. Es kostet nämlich Mut, seine Bedürfnisse offen zu äußern und wütend zu sein. Unsere Mitmenschen werden uns nicht unbedingt mit offenen Armen empfangen, wenn wir sie kritisieren. Unser Handeln zieht Konsequenzen nach sich und die sind nicht immer vorhersehbar.

***Das Schlucken der Wut macht uns auf Dauer krank.***

Die Angst davor, Unzufriedenheit und Kritik zu äußern, ist gerade in unseren engsten und damit wichtigsten Beziehungen am größten. Wenn wir den anderen mit unseren Gefühlen und Bedürfnissen konfrontieren, könnte er genauso offen und direkt reagieren. Da Wahrheit oftmals wehtut, wollen wir sie manchmal gar nicht so genau wissen. Wir äußern Halbwahrheiten, damit uns der andere auch nicht all das sagt, was ihm vielleicht an uns nicht gefällt. Und wir lassen uns mit Halbwahrheiten abspeisen, da wir uns ansonsten vielleicht mit der Tatsache konfrontieren müssten, dass unser Partner gar nichts verändern will und wir uns trennen müssen.

*Beispiel*

Eine junge Frau, die zu mir in die Praxis kam, hatte mit ihrem Freund lange Zeit in einer offenen Beziehung gelebt. Beide fühlten sich noch zu jung, um sich festzulegen.

Nach zwei Jahren änderte sich diese Einstellung für die Frau. Ihr war klar geworden, dass sie ihren Partner liebt und sie fühlte sich reif für eine feste Beziehung. Außerdem hegte sie den Wunsch, ein Kind zu bekommen. Als sie das ihrem Partner mitteilte, zog sich dieser zurück und war tagelang nicht mehr zu erreichen. Als er wieder auftauchte, sagte er ihr, dass er Zeit bräuchte und sich noch nicht festlegen könnte. Die Frau gewährte ihm diese Zeit, schließlich wollte sie mit ihm zusammen sein und ihn nicht verlieren. Außerdem hatte sie Angst vor dem Alleinsein. Die Beziehung befand sich ab diesem Zeitpunkt aufgrund der unterschiedlichen Bedürfnisse in einer Schieflage. Während die Frau auf seine Entscheidung wartete und dabei immer unzufriedener und unglücklicher wurde, entzog sich der Mann immer mehr und vergrub sich in seine Arbeit. Je mehr er sich entzog, desto mehr zog es sie zu ihm. Aus Angst ihn zu verlieren, versuchte sie, Verständnis für sein Verhalten zu entwickeln. Sie begann an sich zu zweifeln und sich zu fragen, ob sie überhaupt ein Recht dazu hat, eine Entscheidung von ihm zu fordern, denn eigentlich war die Beziehung doch bisher gut gelaufen.

Nach etwa einem halben Jahr hielt sie die Ungewissheit jedoch nicht mehr aus, nahm all ihren Mut zusammen und bat um eine Klärung. Sie teilte ihrem Partner noch einmal deutlich ihre Wünsche mit. Daraufhin erklärte dieser, dass er für eine feste Beziehung nicht bereit sei. Obwohl es ihr sehr schwer fiel, zog sie die Konsequenzen und trennte sich von ihm.

In dem Beispiel tritt die junge Frau mutig für ihre Bedürfnisse ein und riskiert damit, ihren Partner zu verlieren. Oft bleiben Menschen aber auch in unguten Beziehungen stecken – aus Angst vor dem Alleinsein. Diese Angst ist so groß, dass sie ihre Gefühle und eigentlichen Bedürfnisse unterdrücken. Das ist besonders schmerzhaft für Menschen, die sich darüber bewusst sind, dass es besser wäre sich zu trennen, sich aber dennoch eingestehen müssen, dass sie es aus der Angst heraus nicht schaffen. Für sie ist es wichtig, sich nicht für ihr Verhalten zu verurteilen und an ihren Ängsten vor dem Alleinsein zu arbeiten.

***Für die eigenen Bedürfnisse eintreten macht stark.***

Manche Menschen haben es so sehr verinnerlicht, dass sie nicht wütend werden dürfen, dass sie ihre Wut nicht mehr spüren.

*Beispiel*

Erst vor kurzem kam eine Frau in meine Praxis und sagte im Vorgespräch, dass sie noch nie in ihrem Leben wütend gewesen ist und auch keinen Grund sähe, warum sie wütend sein könnte. Ihre Kindheit sei sehr harmonisch gewesen. Sie litt unter starken psychosomatischen Beschwerden, Nägelkauen, Migräne, Magen-Darm-Erkrankungen und Depressionen. Aufgrund ihrer mannigfaltigen Symptome konnte ich mir nicht vorstellen, dass ihre Kindheit so vollkommen gewesen ist.

Im Laufe der Therapie fand sie heraus, dass ihre Eltern sie unter enormen Leistungsdruck gesetzt hatten. Da das sehr subtil geschehen war, war sie sich dessen gar nicht bewusst. Stattdessen hatte sie die ganze Wut gegen sich selbst gerichtet und stellte genauso wie ihre Eltern kaum zu bewältigende Ansprüche an sich. Wenn sie diesen nicht gerecht wurde, wertete sie sich gnadenlos ab. Ihr Gefühl war: »Was auch immer ich mache, es ist nie genug.«

Indem sie diese Zusammenhänge und Ursachen erkannte und ihre Gefühle nach und nach zulassen konnte, veränderte sich ihr körperlicher und seelischer Zustand. Sie lernte, sich gegenüber den Eltern besser abzugrenzen, ihre Leistungen anzuerkennen und nicht mehr so hohe Ansprüche an sich zu stellen.

## *Passiv-aggressives Verhalten*

Wut zeigt sich übrigens nicht nur im Toben, Schreien oder Türenknallen. Sehr verbreitet ist auch ein passiv-aggressives Verhalten. Ein passiv-aggressiver Mensch zeigt seine Aggressionen niemals direkt. Er schmollt, ist beleidigt, macht Vorwürfe oder zieht sich demonstrativ zurück, so dass sich seine Mitmenschen schuldig fühlen. Obwohl er seine ganze Umgebung tyrannisieren kann, ist er sich seiner Macht meistens nicht bewusst und fühlt sich selbst als Opfer. Er hat nicht gelernt, seine Bedürfnisse direkt zu äußern. Mit seinem Verhalten hat er nur bei Menschen Erfolg, die aufgrund ihrer Geschichte empfänglich dafür sind, sich schuldig und verantwortlich zu fühlen. Von anderen wird er eher abgelehnt. Ein Passiv-Aggressiver muss lernen, offen zu seinen Aggressionen und Bedürfnissen zu stehen, dann kann er sich aus diesem Muster befreien.

***Wut ist manchmal versteckt unter Nörgeln und Rückzugsverhalten.***

### *Beispiel*

Ein Klient fiel dadurch auf, dass er ständig versuchte, die Zeit zu überziehen. Wenn ich ihn darauf hinwies, dass die Stunde längst vorbei war, versuchte er mir das Gefühl zu geben, ihn schlecht zu behandeln. Er rief auch zwischen den Sitzungen an und erwartete, dass ich immer für ihn zu sprechen sei. Das lehnte ich höflich ab, woraufhin es ihm schlagartig sehr schlecht ging.

Als Kind hatte er viel Mangel erlebt, so dass er voller unerfüllter Bedürfnisse war. Diese zu formulieren, zu sagen: »Ich möchte, dass du bei mir bleibst«, war für ihn unmöglich. Seine Erfahrung war, dass er verletzt wurde – ausgelacht, verspottet, vorgeführt –, sobald er Bedürfnisse und Gefühle zeigte. Das hatte dazu geführt, dass er nur indirekt ausdrücken konnte, was er brauchte. Gleichzeitig steckte er voller Aggressionen, da sein Vater ihn oft geschlagen hatte. Er erlaubte sich diese Wut aber nicht, weil das für ihn gleichbedeutend damit gewesen wäre, wie sein Vater zu sein. So war sein einziger Ausweg, seine Bedürfnisse und seine Wut passiv auszudrücken. Das war verhängnisvoll für ihn, weil sich Menschen immer wieder von ihm abwandten, da sie sich in seiner Gegenwart aggressiv und schuldig fühlten.

Indem er es schließlich schaffte, mehr zu seinen Bedürfnissen und Aggressionen zu stehen, konnte er sein Verhalten allmählich verändern.

## Seelische Erkrankungen

*Wer sich nicht ausdrückt, wird bald bedrückt.*
Klaus Mücke

Viele seelische und körperliche Erkrankungen sind die Folge von unterdrückten Aggressionen. Wenn jemand seinen Ärger und seine Wut ständig in sich hineinfrisst, können sich diese Gefühle auf Dauer gegen ihn selbst richten. Die Unfähigkeit, wütend zu sein, kann zu seelischen Verstimmungen bis hin zu Depressionen führen.

Ein Mensch, der nicht in der Lage ist, sich zu behaupten und seine Interessen zu vertreten, resigniert irgendwann. Er macht die Erfahrung, dass er nichts verändern und bewirken kann. Gleichzeitig kann er innerlich unter starkem Aggressionsdruck stehen und sich für seine Emotionen schämen und schuldig fühlen. Das kann das Gefühl von Resignation und Ohnmacht noch verstärken.

**Auch Essstörungen weisen auf unterdrückte Wut hin**

Unterdrückte Wut kann auch zur Entwicklung von Angststörungen und zwanghaftem Verhalten beitragen. Jemand, der ständig Angst hat, versucht in seinem Leben alles unter Kontrolle zu halten. Ihm fehlt die kraftvolle, aggressive Energie, sich zur Wehr zu setzen und sich dem Leben mit seinem Auf und Ab zu stellen.

Auch Essstörungen weisen auf unterdrückte Wut hin, die der Betroffene in Form von extremen Hungerkuren (Magersucht),

Ess- und Brechanfällen (Bulimie) oder Übergewicht (»alles in sich hineinfressen«) gegen sich selbst richtet. Diesen Störungen liegen oft tiefe Konflikte zugrunde.

Süchte können oft eine nicht ausgelebte Wut hinweisen. Rauchen beispielsweise betäubt und hilft, Gefühle zu unterdrücken. Wenn starke Raucher mit dem Rauchen aufhören, erleben sie die Welt oft wie neu. Sie fühlen sich empfindlicher, offener und gleichzeitig reizbarer. Sie werden konfrontativer und spüren ihre Grenzen eher. Diese Umstellung macht vielen Menschen Angst, nicht ohne Grund versuchen es die meisten erst gar nicht. Für die, die es schaffen, bedeutet es eine enorme Verbesserung der Lebensqualität.

***Manche können ihre Gefühle nur zeigen, wenn sie getrunken haben.***

Alkoholabhängige leiden ebenfalls oft unter dem Problem der Ärger- und Aggressionshemmung. Sie trinken sich ihre Welt schön und schlucken den inneren Druck und die Aggressionen hinunter. Alkoholiker sind oft sehr unsichere, überangepasste Menschen, die ein großes Harmoniebedürfnis haben und Konflikten lieber aus dem Weg gehen. Auf der anderen Seite enthemmt Alkohol (oder andere Drogen), und manche Menschen können nur dann ihre Gefühle zeigen, wenn sie getrunken haben. Das geschieht dann aber oft auf übertriebene, unangemessene Weise und kann sogar in Gewalttätigkeit ausarten. Chronisch unterdrückte Wut kann im Extremfall auch zu Selbstmord führen.

Unterdrückte Wut kann also viele, sehr unangenehme Folgen haben:

- passiv-aggressives Verhalten
- Selbstablehnung und Selbsthass
- Selbstverletzung und -verstümmelung
- Depressionen
- Essstörungen
- Süchte
- im Extremfall: Selbstmord

## *Körperliche und psychosomatische Erkrankungen*

Aus vielen gängigen Redewendungen unserer Alltagssprache geht hervor, wie schädlich und krank machend es ist, seinen Ärger zu unterdrücken. Es scheint schon immer bekannt gewesen zu sein, dass die Unterdrückung von Wut körperliche Reaktionen oder sogar Krankheiten verursachen kann. Die Wut wird dabei einzelnen Organen zugeordnet.

Hier nur ein paar Kostproben:

- etwas in sich hineinfressen
- die Nase voll haben
- vor Wut platzen oder explodieren
- sich tot ärgern
- eine Wut im Bauch haben
- Das stößt einem sauer auf. Man ist sauer.
- Da kommt einem die Galle hoch.
- Der Ärger schlägt einem auf den Magen.
- Es ist einem eine Laus über die Leber gelaufen.

Wenn Menschen ihre Gefühle nicht zeigen, bedeutet das dauerhaften Stress für Körper und Seele. Und das hat natürlich einen Einfluss auf den gesamten Organismus. Unterdrückter Ärger führt zu einer Art Dauererregung. Der Körper schüttet massenhaft Stresshormone aus, zum Beispiel Adrenalin. Der Blutdruck steigt und bleibt erhöht, da der Mensch seine Wut nicht loswird. Die ständige Zurückhaltung des Ärgers benötigt zusätzliche Energie. Die nicht ausreichend vorhandene Fähigkeit, Gefühle auszudrücken, ist demnach

ein wesentlicher Faktor für die Entstehung und Aufrechterhaltung von körperlichen und psychosomatischen Erkrankungen.

Mittlerweile gibt es zahlreiche wissenschaftliche Befunde darüber, dass chronisch unterdrückte Wut körperliche Krankheiten verursachen kann. Ich möchte hier nur die häufigsten aufzählen:

- Koronare Herz-Kreislauf-Erkrankungen, Herzstechen und -rasen, Bluthochdruck
- Magen-Darm-Erkrankungen: Unterdrückte chronische Wut wirkt als Stressfaktor und führt zu psychovegetativen Beschwerden und Störungen im Magen-Darm-Bereich, auch bei Morbus Crohn und Colitis Ulcerosa zeigen sich deutliche Zusammenhänge.
- Chronische Hauterkrankungen wie Neurodermitis
- Migräne
- Beschwerden mit dem Kiefer und den Zähnen
- Chronische Halsschmerzen
- Diabetes mellitus
- Bandscheibenvorfälle
- Arthrose
- Gicht
- Sexuelle Störungen
- Folgeerkrankungen von starker Nikotin- und Alkoholsucht, von Essstörungen

## *Wenn Wut zerstörerisch wird – Gewalt, Hass und Rache*

Liest man die Zeitung oder schaut sich die Nachrichten an, kann man leicht den Eindruck bekommen, dass die ganze Welt voller Gewalt, Krieg und Terror ist. Menschen agieren wie wild geworden ihre Aggressionen aus und verprügeln Unschuldige, beispielsweise wegen ihrer Hautfarbe. Sie übernehmen keine Verantwortung für ihre Gefühle, sondern lassen ihre Wut an Schwächeren aus. Oft haben diese Menschen schon in frühester Kindheit gelernt, dass man Konflikte nur mit Gewalt lösen kann und sind selbst Opfer von Gewalt gewesen. Sie haben meistens ein gering entwickeltes Selbstwertgefühl und kompensieren das damit, dass sie anderen Menschen voller Verachtung und Feindseligkeit begegnen.

Der Erfurter Schüler, der vor einigen Jahren ein Blutbad in seiner Schule anrichtete, wird als stiller, zurückgezogener Junge beschrieben. Ein Außenseiter ohne Freunde, der eine Niederlage nach der anderen einstecken musste und alles hinuntergeschluckt hat, bis es dann zum tödlichen Ausbruch kam. Da ich nicht alle Hintergründe kenne, möchte ich mir kein Urteil darüber erlauben, wie es zu dieser Tat kommen konnte, aber vielleicht hätte es Robert Steinhäuser geholfen, wenn er vorher Gehör gefunden und Möglichkeiten gehabt hätte, seine Kränkung und seine Wut auf sichere Weise, ohne jemand zu verletzen, zum Ausdruck zu bringen.

***Gewalttäter waren als Kinder meist selbst Opfer.***

Kränkungen lösen heftige Gefühle aus. Auch wenn die Liebe in Hass umschlägt, wird es gefährlich. Immer wieder gibt es Meldungen über Männer oder Frauen, die nach einer Trennung die ganze Familie und sich selbst auslöschen. Andere wiederum terrorisieren nach einer Trennung ihre ehemaligen Partner und entwickeln sich zum lebensbedrohlichen Stalker.

Meistens geschieht das alles aber viel subtiler. Man kann, wenn man seinen Rachegefühlen unverantwortlich freien Lauf lassen will, dem anderen auch mit ganz legalen Mitteln das Leben schwer machen. Endlose Verhandlungen bei Gericht, der Streit um das Geld und die Kinder – oft wird die ganze Wut an Nebenschauplätzen ausgetragen, statt dass sich Paare mit ihren Gefühlen und Verletzungen auseinander setzen. Ich habe schon oft von frisch getrennten Paaren gehört, dass sie zuerst das Äußere regeln (Finanzen, Sorgerecht etc.) und dann die Beziehung klären wollen. Sie sehen nicht, dass es umgekehrt viel leichter und effektiver sein könnte. Denn mit jemandem, mit dem man emotional im Reinen ist, kann man einfach besser verhandeln.

*Erst die Beziehung regeln, dann das Finanzielle!*

*Beispiel*

Vor kurzem habe ich erlebt, dass eine Kollegin, die ich für eine offene, aufgeschlossene Frau hielt, den gemeinsamen Sohn als Druckmittel gegen ihren Partner einsetzte, der sich von ihr getrennt hatte. Sie drohte damit, dass er den Jungen erst einmal nicht wieder sähe, wenn er mit seiner neuen Freundin in den Urlaub führe. Der Mann war außer sich vor Ärger und reagierte seinerseits mit irgendwelchen Repressalien. Wie viel sinnvoller wäre es gewesen, wenn sich die beiden zu einem Gespräch zusammengefunden hätten, vielleicht auch mit Unterstützung eines Dritten, in dem sie den Schmerz und die Gefühle über die Trennung einander mitgeteilt und ausgedrückt hätten.

Manchmal dauert es, bis beide Partner zu einem gemeinsamen Gespräch bereit sind, weil die Trennung noch zu frisch ist und es noch zu weh tut. Dann besteht aber auch für jeden Einzelnen die Möglichkeit, seine Verletzungen und Gefühle in einem sicheren Rahmen zu bearbeiten, bei Bedarf auch mit therapeutischer Unterstützung.

Wenn man all diese Geschichten von Gewalt, Hass und ausagierter Wut hört, wundert es einen nicht, dass viele Menschen Angst vor Wut und Aggressionen haben und diese Gefühle ablehnen. Umso wichtiger erscheint es, dass Menschen einen positiven Umgang mit ihrer Wut entwickeln und die Kraft, die ihr innewohnt, nutzen, um etwas zu verändern und nicht, um etwas zu zerstören.

Wir wollen uns nun anschauen, welche positiven Kräfte in der Wut stecken. Wer sich dieses Potenzial der Wut nämlich bewusst gemacht hat, wird leichter zu einem konstruktiven Umgang mit seinen Emotionen kommen.

# Das hilfreiche Potenzial der Wut

*Aus bitterster Erfahrung zog ich diese eine und höchste Lehre:*
*Man muss den Zorn in sich aufstauen,*
*und so wie gestaute Wärme in Energie umgesetzt werden kann,*
*so kann unser gestauter Zorn in eine Kraft umgesetzt werden,*
*die die Welt zu bewegen vermag.*
Mahatma Gandhi

## Positive Vorbilder für den Umgang mit Wut

Angesichts des alltäglichen ungesunden Verdrängens oder des blinden Wütens habe ich mich gefragt, wer denn richtig mit seinem Ärger, dem Zorn und der Wut umgeht. Zunächst fielen mir gar keine positiven Vorbilder ein. Während Beispiele von Menschen, die ihre Wut passiv ausleben, destruktiv und gewalttätig sind, relativ einfach zu finden sind, gestaltete sich die Suche nach Menschen, die auf gute Weise mit ihren Aggressionen umgehen, als viel schwieriger. Doch ich habe einige Menschen – und Götter – gefunden und möchte Sie Ihnen vorstellen.

### *Die Welt der Weisen und Götter*

Als ich mein Suchfeld erweitert hatte, stieß ich auf eine sehr bekannte und berühmte Persönlichkeit: Jesus. Er konnte sehr zornig werden – auf die Priester, die das Gesetz mehr liebten als ihren Nächsten, oder auf die Händler, die ihre Verkaufsstände innerhalb des Tempels aufgebaut hatten und die er eigenhändig hinauswarf. In diesem Zusammenhang spricht man auch vom gerechten, göttlichen Zorn und vom Zorn Gottes. Jesus hielt seine Wut nicht zurück, wenn er ungerechte, lieblose Zustände sah. Gleichzeitig war er immer bereit zu vergeben und voller Mitgefühl gegenüber den Unwissenden. Sein Zorn entwickelte sich nicht zu einem tief sitzenden Groll, der nach Rache und Vergeltung sinnt und Vergebung ausschließt.

In der Götterwelt stieß ich auf weitere »Vorbilder«: Bei den Germanen gibt es zum Beispiel den Donnergott Thor. In den Schilderungen taucht er auf als ein Mann im besten Alter, von jugendlicher Frische und ausgestattet mit ungeheurer Stärke. Sein Wesen wird als gutmütig beschrieben, zum anderen ist er aber auch leicht erregbar und zornig. Thor lag im ständigen Kampf gegen die Riesen und die Midgardschlange. Es heißt, er steht den Menschen besonders nahe, weil er sie vor den Ungeheuern und Chaosmächten schützt. Seine Waffen sind der Donnerhammer, mit dem er Blitze schleudern kann, der Machtgürtel und seine Eisenhandschuhe. Das gleiche Bild vermittelt uns Zeus aus der griechischen Götterwelt.

### *Die Göttin Kali*

*Große Mutter, Kalima,*
*Befreie mich von meinen Illusionen und Verstrickungen,*
*Gib mir die Kraft meine Wut und*
*meine Enttäuschung in klares und kraftvolles*
*Handeln zu transformieren,*
*so dass ich mich und die Welt heilen kann.*
Gebet an Kali[5]

Kali ist im Hinduismus die Göttin der Zerstörung und des Todes, aber auch der Erneuerung. Das beruht auf dem Wissen, dass ohne Zerstörung nichts Neues entstehen kann und dass Leben und Tod eine untrennbare Einheit bilden.

Kali wird meistens schwarz, manchmal auch blau dargestellt. Sie hat mehrere Arme, meist vier oder zehn, sie trägt eine Halskette aus Menschenschädeln, einen Rock aus abgeschlagenen Armen, manchmal hängt ein totes Kind an ihrem Ohr. Trotz dieser furchterregenden Attribute formt sie auf vielen Abbildungen mit ihrer rechten Hand eine segnende und trostgebende Geste, die signalisiert: »Fürchtet euch nicht.«

*Zerstörung schafft Platz für das Neue.*

Ihre Bedeutung beschränkt sich längst nicht nur auf den Zerstörungs- und Todesaspekt. Die Gläubigen sehen sie auch als Beschützerin der Menschen und göttliche Mutter, als Kalima, die ihre zerstörerische Wut nicht gegen die Menschen, sondern gegen Dämonen und Ungerechtigkeiten richtet. Sie hilft den Menschen Heil zu erlangen, indem sie mit ihrer Sichel Verstrickungen und ungute Verbindungen durchtrennt und negative Kräfte und Illusionen zerstört. Schwestern im Geiste sind auch Lilith, Ereshkigal, Gorgo, die schwarze Demeter, die Hexen und Drachinnen. Sie verkörpern den dunklen Aspekt der weiblichen Macht.

*Hinduistische Götter zeigen sich auch zornig.*

Im hinduistischen Kulturkreis verkörpern die Götter unterschiedliche Aspekte des menschlichen Daseins. Die Götter sind nicht nur edel und gut, sondern sie sind auch zerstörerisch wie eben Kali oder Shiva. Das erleichtert es den Menschen, Aggressionen und Wut als Teil ihrer selbst und des menschlichen Lebens zu akzeptieren.

In unserem christlichen Kulturkreis wird eher vermittelt, dass ein Mensch gut und liebevoll sein soll. Wut und Aggressionen werden als schlechte Charakterzüge angesehen, die man sich abgewöhnen sollte. Die Menschen fühlen sich schlecht und schuldig, wenn sie von diesen Idealen abweichen. Der zornige Anteil von Jesus Christus, der seine Wut deutlich zeigte und sich gegen ungerechte gesellschaftliche Verhältnisse wehrte, findet dabei viel zu wenig Beachtung.

## *Die Welt der ganz normalen Menschen*

Um Vorbilder für einen guten Umgang mit Wut zu finden, ist es auch hilfreich, sich vor Augen zu führen, wie andere Kulturen mit ihren Emotionen umgehen. In Italien zum Beispiel gilt eine Frau, die ihren Mund aufmacht und sagt, was sie will – und das kann sie auch sehr wütend tun –, einfach als temperamentvoll.

Einen unkonventionellen Umgang mit Wut abseits der üblichen Frauenrolle pflegte eine Frau, die zunächst meine Therapeutin, später auch Supervisorin und geschätzte Lehrerin war. Man kann nicht unbedingt sagen, dass sie bezogen auf ihren Umgang mit Wut rundum ein Vorbild war, da sie manchmal auch ganz schön aufbrausend und verletzend werden konnte. Beeindruckt hat mich jedoch, wie selbstverständlich sie ihre Wut zeigte. Dadurch dass sie ihre Wut zuließ, bekam es einen Level von Normalität, wütend zu sein. Es ließ sich nicht überhören, wenn sie zornig war. Es begann mit einem Räuspern, steigerte sich dann zu einem Grummeln, und schließlich brach die Wut aus ihr heraus wie bei einem Donnerwetter. Es war beeindruckend, wie sie in Fahrt kommen konnte. Ich schätzte sie auch dafür, wie sie mit Kritik umging. Man konnte ihr offen und direkt sagte, was einen gestört hatte, sie war dann weder beleidigt noch wurde sie unfair.

***Wut auszudrücken lernt man bei uns oft erst in der Therapie.***

Einen anderen »vorbildlichen« Umgang mit Wut und Aggressionen lernte ich durch die Integrative Primärtherapie kennen, die ich Mitte der 80er Jahre entdeckte. Bei dieser Therapieform – ich werde Sie Ihnen später noch kurz vorstellen – werden Gefühle ermutigt und gefördert, einfach da zu sein. Und zwar nicht nur die gesellschaftlich akzeptierten, sondern auch die abgelehnten Gefühle wie Wut, Neid, Hass etc.

Für mich läutete der Beginn meiner Therapie eine große Wende in meinem Leben ein. Vorher hatte ich gelernt, dass es nicht gut ist, diese »negativen« Gefühle zu haben, geschweige denn sie auszudrücken. Nun erfuhr ich das Gegenteil und machte die Erfahrung, wie befreiend es sein kann, seine Wut zu fühlen. Auch ich war anfangs der Überzeugung, dass ich, wenn ich einmal damit anfange, meine Wut zuzulassen, nie wieder damit aufhören könnte. Doch es war erstaunlich für mich zu erleben, dass die Wut einen Anfang, einen Höhepunkt und ein Ende hat – wie eigentlich jedes Gefühl, wenn es da sein darf. Ich stellte auch fest, dass ich niemanden verletzte, wenn ich meine Wut in einem geschützten Rahmen ausdrückte. Es war wie eine Befreiung.

Überlegen Sie, welche Vorbilder es in Ihrem Leben für einen positiven Umgang mit Wut gibt. Das können sowohl irgendwelche Helden- und Sagengestalten sein, als auch Menschen aus Ihrem Bekanntenkreis. Erinnern Sie sich auch, ob in Ihren Träumen oder Fantasien positive Beispiele für Wut aufgetaucht sind. Machen Sie sich dabei bewusst, welches Wutverhalten Ihnen gefällt und Sie besonders beeindruckt hat und welches Sie ablehnen. Notieren Sie Ihre Erkenntnisse.

## *Sie selbst! – als Baby …*

Überrascht Sie das? Ja, Sie selbst können sich ein positives Vorbild für die Wut sein. Wenn die Geburt länger dauert, wird das Baby wütend. Es ist frustriert, aus dieser Enge nicht herauszukönnen, und nutzt die enorme Kraft der Wut, um sich freizukämpfen. Arthur Janov beschreibt, dass man diese wütenden Bewegungen erneut sehen kann, wenn Menschen in der Therapie ihre Geburt noch einmal durchleben: wildes Umsichschlagen und Zähneknirschen, unbeherrschte Körperbewegungen und der Ausdruck von Wut in den Gesichtern. Das Wesentliche hieran ist: Die Wut ist lebensrettend.

***Ein Baby kämpft sich wütend in die Welt.***

Und auch später haben Sie als Kind bestimmt vor Wut geschrieen, wenn Sie dringend etwas zu essen brauchten oder sich beim Spielen verletzten und Ihre Eltern Sie nicht gleich hörten. Auch dann war die Wut eine wichtige Kraft für Sie.

Schon ein natürlicher Vorgang wie eine Geburt kann eine Menge an Wut auslösen, weil sich das Kind ausgeliefert und ohnmächtig fühlt. Ohnmacht ist einer der unerträglichsten menschlichen Gefühlszustände – das Gefühl, nichts machen zu können und an seiner Situation nichts verändern zu können, kann einen schier ausrasten lassen vor Wut. Viele Gewalttaten geschehen aus dem Gefühl der Ohnmacht. Wut, die aus der Ohnmacht entsteht, kann auch einen lebensrettenden Aspekt haben.

*Beispiel*

Frau R. begann eine Therapie aufgrund von Depressionen und mehrerer gescheiterter Beziehungen. Sie war beherrscht von dem Gefühl, nichts verändern zu können. Dieses Gefühl übertrug sie auch auf die Therapie, denn obwohl sie kleine Fortschritte machte, betonte sie immer wieder, dass sich in ihrem Leben nichts ändere. Sie geriet immer wieder in Situationen, in denen sie übergangen und respektlos behandelt wurde. Besonders in ihren Beziehungen wiederholte sich ein typisches Muster: Nach einer anfangs guten Phase entwickelte sich eine für sie ungute Dynamik. Aus der Angst heraus, verlassen zu werden, ließ sie sich alles gefallen und nahm eine fast unterwürfige Position ein. Gleichzeitig war sie voller Wut auf die Männer, die sie – so war ihr Eindruck – nach Belieben benutzten.

Frau R. war als Kind von ihrem Vater massiv verprügelt worden. Dies geschah ohne besondere Vorwarnung und ohne Grund. Frau R. wuchs mit der ständigen Angst auf, dass sie jederzeit geschlagen werden kann. Wegen der Unberechenbarkeit ihres Vaters fühlte sie sich niemals in Sicherheit und verinnerlichte das Gefühl, ausgeliefert und ohnmächtig zu sein. »Ich kann nichts machen« wurde zu einer ihrer Grundüberzeugungen. In kleinen Schritten konnte sie sich ihrer leidvollen Geschichte annähern. Je mehr das geschah, desto mehr kam sie auch in Kontakt mit ihren Ohnmachtsgefühlen. Indem sie zulassen konnte, wie ausgeliefert sie sich als Kind gefühlt hatte, kam sie sich selbst wieder näher und entwickelte allmählich eine positivere Einstellung zu sich selbst. Als Kind war sie der Überzeugung gewesen, dass sie schlecht und schuldig ist, denn sonst hätte der geliebte Vater ja keinen Grund gehabt, sie zu verprügeln. Dadurch dass sie mehr Selbstwertgefühl entwickelte, änderte sich auch etwas an ihrem Verhalten Männern gegenüber. Sie wurde selbstbewusster und ließ sich nicht mehr alles gefallen. Sie begann, ihre Wut zu spüren und sie in einem sinnvollen Maß für ihre Befreiung zu nutzen.

## ... und auch im späteren Leben: Wenn sich Wut in Liebe verwandelt

Erinnern Sie sich einmal daran, wie es ist, wenn Sie wütend auf einen Menschen sind und es nicht zeigen können. Sie versuchen Ihren Zorn zu verstecken, obwohl es Ihnen schlecht damit geht. Vielleicht wird Ihr Lächeln gekünstelt und Ihre Mimik maskenhaft, das Gespräch hohl und oberflächlich, und vielleicht spüren Sie auch ein körperliches Unwohlsein. Vermutlich sind Sie froh, wenn Sie dieses Treffen hinter sich gebracht haben und gehen können.

Bestimmt erinnern Sie sich auch an eine Situation – und sei sie scheinbar noch so unbedeutend –, in der Sie den Mut hatten, anzusprechen, was Sie verletzt hat, und reinen Tisch zu machen. Selbst wenn Ihr Gegenüber abweisend reagierte, sind Sie authentisch gewesen und haben zu sich gestanden. Wenn Ihr Gegenüber positiv auf Ihre Kritik reagierte, spürten Sie vielleicht, wie Ihr gemeinsames Gespräch offener wurde und eine Verbindung entstand. Das Aussprechen von Ärger und Wut kann manchmal wie ein Dammbruch sein. Plötzlich ist wieder sehr viel Nähe da. Gefühle und Geheimnisse offenbaren sich. Eine Freundschaft kann dadurch noch intensiver werden, in einer Beziehung kann das wie ein Neuanfang sein.

***Offene, ehrliche Kritik verbindet.***

Wenn Sie sich wirklich nicht erinnern können, das schon einmal erlebt zu haben, sollten Sie sich so ein Erlebnis schaffen. Versuchen Sie, einem Menschen, den Sie sehr mögen und dem Sie vertrauen, zu sagen, was Sie in der Vergangenheit oder aktuell an ihm irritiert oder gestört hat.

Das kann etwas ganz Unbedeutendes sein, eine Kleinigkeit – vielleicht eine Äußerung, die Ihnen nicht gefallen hat, oder seine Unpünktlichkeit.

Es gibt auch andere Möglichkeiten, ein positives Gefühl für die eigene Wutenergie zu bekommen:

### *Übung: Die wilden Zeiten*

Viele Menschen können sich an wilde Zeiten in ihrer Kindheit oder Jugend erinnern, in denen sie frech und aufmüpfig waren, mit anderen gekämpft und gerauft haben, Bäume hochgeklettert sind, laut Musik gehört haben, trotz der Proteste der Eltern zerrissene Hosen getragen haben, sich heimlich mit Jungen oder Mädchen getroffen und geraucht haben usw.

Erinnern Sie sich an diese wilde Zeit und tauchen Sie in die Stimmung und Energie von damals ein. Erleben Sie Ihre damaligen Abenteuer noch einmal. Sie können das auch unterstützen, indem Sie sich Fotos oder Briefe aus dieser Zeit anschauen. Wie haben Sie sich gefühlt? Was haben Sie sich damals alles zugetraut? Was hat Sie angetrieben mutige, wilde Dinge zu tun?

Knüpfen Sie an die dynamische Energie von damals an und verbinden Sie sie mit Ihrem jetzigen Leben. Holen Sie die Lust, sich dem Leben entgegenzustellen und mutig zu kämpfen, wieder zurück.

Wie tragfähig eine Beziehung ist – ob partnerschaftlich oder freundschaftlich –, zeigt sich meistens dann, wenn der erste Konflikt auftritt. Wenn wir die Erfahrung machen, dass unser Gegenüber uns auch im Falle eines Konflikts mit unseren Verletzungen und Enttäuschungen annimmt und nicht nur, wenn wir heiter und unbeschwert sind, entsteht größeres Vertrauen zueinander. Versuchen Sie, sich an ein solches Beispiel aus Ihrer Vergangenheit zu erinnern.

*Beispiel*

Erst letztens erlebte ich diese stärkende Kraft des Ärgers mit einer Frau, mit der ich schon seit einigen Jahren befreundet bin. Neben unserer freundschaftlichen Ebene teilen wir seit über einem Jahr auch eine kollegiale Ebene miteinander. Im unserer gemeinsamen therapeutischen Arbeit trat ein Konflikt auf, der uns vor eine neue Herausforderung stellte. Da wir nicht in einer Stadt wohnen und es schwer war, eine Klärung per Telefon hinzukriegen, zog sich der Konflikt über mehrere Wochen hin. Dann trafen wir uns zum ersten Mal wieder. Ich war ganz schön aufgeregt. Wir kamen schnell zur Sache. Sie sprach aus, was ihr missfallen hatte, und ich sagte, was mich gestört hatte. Interessanterweise kam es, nachdem wir unseren Dampf abgelassen hatten, zu einem ganz persönlichen Austausch, in dem wir uns mit unseren Schwächen und Verletzungen offenbarten. Dadurch entstand mehr Nähe als je zuvor.

Kurz darauf haben wir gemeinsam ein Seminar gegeben. Die Zusammenarbeit war sehr harmonisch und entspannt. Die Teilnehmer gaben uns am Ende durchweg positives Feedback. Ihnen war auch aufgefallen, dass sich etwas zwischen uns verändert hatte. Sie fanden, wir hätten noch nie so miteinander harmoniert wie an diesem Wochenende.

## Ohne Wut keine Veränderung

Wer schon einmal richtig wütend war, weiß, wie energetisierend es sein kann, seine Wut auszudrücken. Es kann wie ein reinigendes Gewitter sein, hinterher fühlen wir uns erfrischt und befreit. Alle Gefühle sind danach intensiver. In einer therapeutischen Gruppe habe ich einmal erlebt, dass ich nach einem Wutanfall so viel Freude empfunden habe, dass ich lange Zeit einfach nur lachen musste. Auch Kontakte werden inniger und offener, wenn wir unsere Gefühle, unsere Wut, zulassen.

***Wut lässt uns Veränderungen angehen.***

Ein Mensch, der seinen Ärger und seine Wut akzeptiert und diese Gefühle angemessen zum Ausdruck bringt, nimmt sich selbst ernst und glaubt, dass er etwas bewirken und verändern kann. Er setzt sich für sich und andere ein und resigniert nicht. Das schafft Selbstvertrauen und gibt Kraft.

Wut versetzt uns in die Lage, etwas zu bewegen. Sie ist wie ein Motor, der uns vorwärts bringt. Sie gibt uns die Kraft, für unsere Interessen einzutreten und unser Leben nach unseren Bedürfnissen zu gestalten. Was die Wut alles an Potenzial in sich trägt, wollen wir uns nun im Einzelnen anschauen.

### *Die Kraft, Nein zu sagen*

Oft lassen wir uns viel mehr gefallen, als eigentlich gut für uns wäre. Und da es nicht immer wirklich schlimm ist, wir also weder beleidigt noch vorgeführt, noch geschlagen werden, haben wir manchmal gar nicht das Gefühl, unbedingt etwas ändern zu müssen. Aber die Unzufriedenheit bleibt und nagt und irgendwann spüren wir dann die Wut. Nun wäre es Zeit zu handeln.

*Beispiel*

Zwischen Frau M. und Herrn D. bestand eine langjährige Freundschaft. Ihre gemeinsamen Treffen sahen so aus, dass Herr D. von seinen Problemen erzählte, während Frau M. zuhörte und gute Ratschläge gab. Parallel besuchte Frau M. eine Therapiegruppe, in der sie allmählich mehr Selbstbewusstsein entwickelte. Das wirkte sich auch auf die Gespräche mit Herrn D. aus. Ohne es erst einmal bewusst wahrzunehmen, wurde sie während der Treffen immer unruhiger. Irgendwann stellte sie fest, dass sie die langatmigen Ausführungen Herrn D.s. langweilten und nervten. Sie spürte ihren Ärger und entschied sich nach einigen Anläufen, diesen Ärger zu nutzen und Herrn D. zu unterbrechen. Er war sehr überrascht und auch etwas verärgert. Sie verabschiedeten sich an diesem Abend etwas steif und früher als sonst voneinander. Fortan veränderten sich die Gespräche jedoch, zum einen fragte Herr D. mehr nach und zum anderen erzählte Frau M. mehr von sich und ihren Sorgen. Nach etwa einem halben Jahr stellten beide fest, dass sich ihre Freundschaft durch diesen Konflikt vertieft und bereichert hatte.

Wenn Sie sich folgende Fragen öfter stellen, werden Sie ein Bewusstsein dafür entwickeln, wann Sie sich abgrenzen und behaupten können und wann nicht und mit welchen Faktoren das zusammenhängt. Es wird Sie längerfristig dabei unterstützen, Ihr Verhalten zu verändern.

### *Übung: Ja und Nein*

- Beobachten Sie Ihren Umgang mit Ja und Nein. Finden Sie heraus, ob Sie in angemessener Weise für Ihre Bedürfnisse eintreten und sich ausreichend abgrenzen.
- Notieren Sie in Ihrem »Wuttagebuch« Situationen, in denen Sie sich behauptet und abgegrenzt haben, und Situationen, in denen Sie Auseinandersetzungen vermieden haben und sich nicht abgrenzen konnten. (Wichtig: Verurteilen Sie sich nicht für Ihr Verhalten!)
- Vergegenwärtigen Sie sich diese Situationen noch einmal im Detail. Wie haben Sie sich verhalten und gefühlt?
- Wie würden Sie sich aus Ihrer heutigen Sicht in der Situation verhalten? Was würden Sie anders machen?
- Was hat Ihnen in der einen Situation geholfen, sich abzugrenzen und zu behaupten, und was hat Sie im anderen Fall daran gehindert?
- Wie haben Sie sich hinterher gefühlt:
- nachdem Sie Ja gesagt haben, obwohl Sie eigentlich Nein sagen wollten?
- nachdem Sie sich behauptet und abgegrenzt haben?

Vielen Menschen fällt es schwer Nein zu sagen. Zum einen haben sie Angst vor negativen Konsequenzen, zum anderen wollen sie den anderen nicht vor den Kopf stoßen und enttäuschen. Sie haben das Gefühl, egoistisch zu sein, wenn sie zu ihren Bedürfnissen stehen.

Wir haben es fast alle nicht gelernt Nein zu sagen. In meiner Kindheit galt man schnell als »bockig«, wenn man Nein sagte. Ein liebes Kind war man, wenn man pflegeleicht war und sich den Vorstellungen der Eltern nicht widersetzte. Zum Glück scheint sich das Bild ein bisschen verändert zu haben und Kinder werden heute seltener verurteilt, wenn sie eigensinnig sind.

Im Alter von zwei bis drei Jahren durchleben Kinder ihre Trotzphase. Es ist ganz wichtig für sie, das Nein-Sagen zu lernen. Sie haben ihre helle Freude daran, sich zu widersetzen. Sie brauchen das, um ihre eigene Autonomie zu entwickeln, sich selbst wahrzunehmen und ein Gefühl für ihre Grenzen zu bekommen. Eltern sollten das unbedingt fördern, weil sie ihr Kind dadurch mit Fähigkeiten ausstatten, die es später als Erwachsener braucht: nämlich zu sich stehen können, sich behaupten und abgrenzen, beziehungsfähig sein und selbstbewusst seine Träume und Wünsche verwirklichen.

***Wir haben es nicht gelernt Nein zu sagen***

*Beispiel*

Eine Freundin erzählte mir von ihrem letzten Urlaub, den sie zusammen mit vier anderen Leuten in Portugal verbracht hatte. An einem Nachmittag war die Gruppe unentschlossen, ob sie wandern oder an den Strand gehen sollen. Zwei hatten Lust, zu wandern, zwei wollten gerne zum Strand und die fünfte konnte sich nicht entscheiden; sie sagte, dass sie offen für beide Möglichkeiten ist. Weil die Gruppe sich nicht einigen konnte, überlegten sie, eine Münze zu werfen und die Entscheidung dem Schicksal zu überlassen. Wappen stand für Bergwandern und Zahl für Strand. Einer warf die Münze, fing sie wieder auf und das Ergebnis war Wappen, also Bergwandern. In diesem Moment wusste die Frau plötzlich sehr genau, was sie wollte und das war eindeutig nicht Bergwandern. Sie teilte der Gruppe mit, dass sie nun entschieden sei. Das sorgte nicht gerade für allgemeine Begeisterung, aber es war zu einer Entscheidung gekommen und die Gruppe machte sich auf zum Strand.

An diesem Beispiel wird deutlich, wie wichtig es ist, eine Position zu beziehen. Nicht immer bleibt es ohne Folgen, wenn wir uns nicht entscheiden.

## *Die Kraft, sich abzugrenzen*

Es mag erst einmal paradox klingen: Menschen, die sich abgrenzen können und sich nicht scheuen Nein zu sagen, auch wenn sie Gefahr laufen, ihren Partner zu enttäuschen, haben meistens weniger Ängste, sich auf Beziehungen einzulassen, als Menschen, denen es schwer fällt, Nein zu sagen und sich abzugrenzen. Sie können liebevoll und bezogen sein, weil sie wissen, dass sie sich jederzeit auch wieder zurückziehen können und sich ihren eigenen Interessen zuwenden können. Jemand, der zu sich und seinen Bedürfnissen steht und diese vertreten kann, hat das Gefühl, seine Beziehung zu gestalten, während ein Mensch, der nicht Nein sagen kann, sich unterordnet und anpasst. Er begreift sich nicht als Mitwirkender und fühlt sich in Beziehungen ausgeliefert und eingeengt. Er findet sich mit seinem Wesen in Beziehungen nicht wieder. Bindung ist für ihn gleichbedeutend mit Unterwerfung. Als Gegenreaktion kann es vorkommen, dass er in Beziehungen ambivalent ist, zu aggressiven Ausbrüchen neigt, sie abrupt und ohne Vorwarnung abbricht oder sich erst gar nicht darauf einlässt.

Menschen, denen es schwer fällt, sich abzugrenzen, hatten oft sehr autoritäre Eltern oder haben aufgrund von frühen Trennungen, Lieblosigkeit und Verletzungen in der Kindheit nur ein geringes Selbstwertgefühl entwickelt. Aggressionen machen ihnen Angst und sie erleben sie als etwas Trennendes und Ausgrenzendes. Liebe und Aggression im Sinne von Selbstbehauptung und Selbstbestimmung schließen sich für sie aus. Was sie lernen müssen ist, dass gesunde Aggressionen Verbindungen schaffen.

Das Ganze wirkt sich auch auf die Sexualität aus. Einem Menschen, der sich nur unterordnet und der sich ausgeliefert, eingeengt und unterdrückt fühlt, der seine Wut und sein Nein nicht zulassen kann, fällt es schwer, sich hinzugeben und fallen zu lassen. Menschen, die zu ihren Aggressionen stehen, die wissen, dass sie Nein sagen können und sich mit einem vollen Ja auf ihren Partner und die Beziehung einlassen, erleben auch ihre Sexualität intensiver und lustvoller.

*Beispiel*

Ein Klient, der vor längerer Zeit mal eine von unseren Gruppen besuchte, war sehr angepasst und ängstlich. Weil er glaubte, es würde von ihm erwartet, machte er in der Anfangszeit auch Übungen mit, die ihm Unbehagen bereiteten und ihm zum Teil gar nicht gut taten. Als wir das merkten, ermutigten wir ihn, sich mehr abzugrenzen und zu den Übungen Nein zu sagen, wenn ihm danach zumute ist. Fortan begann er, wenn wir Übungen vorschlugen, genau zu überprüfen, ob er sie mitmachen will und wie weit er sich darauf einlassen will. Am Ende der Gruppenzeit teilte er uns mit, dass es bisher für ihn immer schwierig gewesen sei, seine Grenzen wahrzunehmen und zu setzen. Das aber hätte sich durch unsere Erlaubnis, dass er Übungen nicht mitmachen muss und Nein sagen darf, und dadurch dass er das für sich immer mehr verinnerlichen konnte, von Grund auf verändert. Es war, als hätte sich für ihn eine ganz neue Möglichkeit erschlossen und darüber war er sehr glücklich.

## *Wut als Motor – ein paar Beispiele*

Frau L. hatte sich mal wieder über die arrogante, herabsetzende Art ihres Vorgesetzten geärgert. Sie bemerkte, dass sie sich gar nicht mehr richtig auf die Arbeit konzentrieren konnte. Sie ertappte sich dabei, dass sie innere Dialoge entwarf, wie sie mit ihm reden würde. Schließlich gab sie sich einen Ruck und sprach ihn an. Sie sagte ihm, dass sie ein Problem damit habe, wie er mit ihr umgehe und sie gern einmal mit ihm darüber reden möchte. Das Gespräch verlief zu ihrer Überraschung sehr offen und verbindlich. Ihr Vorgesetzter ging ehrlich auf sie ein und versuchte anschließend sein Verhalten zu verändern.

In der Gruppenarbeit mit den Jugendlichen hatte Herr T. einen guten Stand. Er war schon lange dabei, ein alter Hase mit viel Erfahrung und Sicherheit. Bei den Jugendlichen war er sehr beliebt und anerkannt. Die neue, junge Kollegin hatte es dagegen schwer. Sie war noch sehr unsicher, der Altersabstand zu den Jugendlichen war geringer und außerdem war sie eine Frau und wurde von daher schon mit weniger Respekt behandelt. Sie beobachtete die Kompetenz und Sicherheit ihres Kollegen und empfand ihre Defizite dadurch noch stärker. Irgendwann spürte sie jedoch auch, dass es sie wütend machte, dass der Kollege alles dominierte und sie sich gar nicht entfalten und ihre Ideen einbringen konnte.

Nachdem sie lange hin und her geschwankt hatte, nahm sie nach einem Gruppenabend, der sie besonders unzufrieden und frustriert zurückgelassen hatte, all ihren Mut zusammen und bat ihren Kollegen um ein Gespräch. Sie teilte ihm so offen und direkt wie möglich mit, wie es ihr geht. Der Kollege ging sehr gut damit um. Er sagte, dass er auch schon daran gedacht habe, wie schwierig es für sie sein müsse, in ein bestehendes Projekt zu kommen und mit ihm zusammenzuarbeiten. Ihm war sehr daran gelegen, die junge Kollegin mit ins Boot zu holen, er war für Veränderungen offen. Die beiden begannen bestimmte Aufgabenbereiche anders zu verteilen. Dadurch bekam die junge Frau mehr Kompetenzen zugewiesen. Dadurch dass sie und der Kollege geschlossener zusammen auftraten und die Beziehung zwischen ihnen geklärt war, brachten ihr auch die Jugendlichen allmählich mehr Respekt entgegen.

Herr A. nahm an einer unserer Gruppen teil. Er war ein sehr konstruktiver, aber eher zurückhaltender Teilnehmer. An seine Wut traute er sich noch nicht so recht heran, bis ihm der Kragen irgendwann platzte. Der Auslöser war, dass sich einen ganzen Vormittag lang andere Teilnehmer in den Vordergrund gedrängt hatten. Teilnehmer, die ihre Bedürfnisse im Gegensatz zu ihm offener artikulieren konnten. Das hatte ihn im Laufe der Zeit immer wütender werden lassen, so dass er, als er endlich dran war, sich nicht mehr zurückhielt: Er beschwerte sich, äußerte seine Bedürfnisse offen und direkt und ließ seiner Wut mit unserer Unterstützung freien Lauf. Hinterher ging es ihm sehr gut. Er hatte sich zum ersten Mal getraut, seine Wut öffentlich zu zeigen und seine Gefühle zuzulassen.

### *Übung: Begrüßen Sie Ihre Wut*

Oft empfinden wir unsere Wut als störend und unpassend. Stellen Sie sich einmal vor, dass Ihre Wut ein Anteil von Ihnen ist, der Ihnen etwas sehr Wichtiges mitzuteilen hat. Wie würden Sie dann mit ihr umgehen? Probieren Sie aus, was passiert, wenn Sie Ihre Wut oder Ihren Ärger freundlich begrüßen. Vielleicht mit den Worten: »Hallo Wut, was willst du mir sagen, worauf willst du mich aufmerksam machen?« Fragen Sie Ihre Wut auch: »Was kann ich für dich tun?« Versuchen Sie, ihre Antwort zu hören, auf welche Weise sie sich auch zeigen will.

Nachdem Ihnen klar geworden ist, was Ihnen die Wut mitteilen will, können Sie sich bei ihr bedanken: »Wut, ich bedanke mich bei dir. Danke, dass du mich darauf aufmerksam gemacht hast, dass ich etwas verändern muss.«

Vielleicht fällt es Ihnen am Anfang schwer, mit Ihrer Wut zu reden, weil Sie Ihnen unheimlich ist und Ihnen Angst macht. Um vertrauter mit Ihrer Wut zu werden, versuchen Sie die Übung mehrere Tage lang hintereinander zu machen, immer wenn Sie ärgerlich oder wütend sind. Ziel ist es, eine positivere Haltung zu Ihrer Wut zu entwickeln. Außerdem verliert die Wut ihre Destruktivität, wenn wir sie mit Respekt und Achtung behandeln.

## *Wut als Signal, dass etwas nicht stimmt*

Bevor wir merken, dass wir etwas verändern müssen, kann zunächst eine allgemeine Unzufriedenheit, Lustlosigkeit und Gereiztheit auftauchen. Eigenschaften, die uns bisher nicht an unseren Mitmenschen gestört haben, fangen an uns zu nerven. Genauso kann es mit Tätigkeiten sein, die uns plötzlich nicht mehr zufrieden stellen. Schon Kleinigkeiten können uns dann auf die Palme bringen, wir fühlen uns empfindlich und angriffslustig zugleich. Vielleicht zetteln wir in unserem Umfeld ständig Streitigkeiten an. Es kann auch sein, dass wir diese Gefühle nur im Zusammensein mit einem bestimmten Menschen erleben, beispielsweise mit unserem Partner/unserer Partnerin oder im Zusammenhang mit bestimmten Tätigkeiten.

***Unzufriedenheit und Gereiztheit sind Alarmsignale.***

Manchmal wissen wir gar nicht so genau, was los ist. Höchste Zeit, sich einmal eine Auszeit zu gönnen, sich zurückzuziehen und zu erforschen, was innen gerade passiert.

### *Übung: Wenn alles nur noch nervt*

Nehmen Sie sich einen Moment Zeit, entspannen Sie sich ein wenig und stellen Sie sich folgende Fragen:

- Was hat mich gestört, was gefällt mir nicht mehr?
- Hat jemand meine Grenzen verletzt?
- Hat mich jemand beleidigt, ignoriert oder ausgeschlossen?
- Vermeide ich etwas, das ich schon lange tun müsste?
- Ist mir etwas oder jemand zu viel?
- Habe ich mich übernommen, fühle ich mich überfordert?
- Fühle ich mich eingeengt und habe das Gefühl, mich nicht entwickeln zu können?
- Gibt es einen ungelösten Konflikt mit einem Menschen, der mich nicht loslässt?
- Woran sonst könnte es liegen, dass ich mich so gereizt fühle?

Wenn Sie nicht gleich darauf kommen, was Sie unzufrieden macht, können Sie auch einfach mal darüber nachdenken, was in den letzten Wochen passiert ist, welche Ereignisse stattgefunden haben, welche angenehmen und unangenehmen Erlebnisse Sie hatten und seit wann Sie sich so unzufrieden fühlen. Sie können sich auch liebevoll fragen, was in dieser Situation gut für Sie wäre, und was Sie eigentlich brauchen.

Wenn wir herausgefunden haben, was nicht stimmt und uns wütend macht, haben wir den Schlüssel zur Veränderung bereits in der Hand. Manchmal reicht das Wissen schon aus, manchmal ist es aber auch wichtig, aktiv zu werden, zum Beispiel indem wir einen Konflikt klären, aufgeschobene Dinge erledigen oder uns Hilfe suchen. Wenn wir zu keinem eindeutigen Ergebnis kommen, kann das bedeuten, dass es mit einem Mal nicht getan ist und wir uns intensiver um unseren inneren Zustand kümmern sollten.

***Ihre Wut hat immer einen Grund.***

Die meisten Menschen wollen mit ihrer Unzufriedenheit und ihrer Wut nichts zu tun haben. Sie wünschen sich, dass es ihnen immer gut geht. Leider ist das unrealistisch, weder die Welt noch wir Menschen sind immer in perfekter Harmonie. Außerdem wachsen wir an unseren inneren und äußeren Konflikten. Wenn Sie Ihre Wut als Signal sehen, dass irgendetwas zu viel war und Sie etwas verändern müssen, hilft es Ihnen, ungute Zustände zu erkennen und zu beenden. Machen Sie sich bewusst, dass Ihre Wut immer einen Grund hat – er kann in Ihnen oder im Außen liegen. Auf jeden Fall taucht Ihre Wut niemals auf, um Sie zu ärgern oder Ihnen zu beweisen, dass Sie unperfekt sind.

### *Übung: Das unangenehme Gefühl wahrnehmen*

Nehmen Sie sich eine halbe Stunde Zeit und ziehen Sie sich an einen sicheren Ort zurück. Legen Sie sich bequem hin, schließen Sie die Augen und spüren Sie, wie Sie atmen. Sie müssen nichts verändern, sondern einfach nur wahrnehmen, wie Sie ein- und ausatmen. Spüren Sie in Ihren Körper, wo er sich weich und offen anfühlt und wo er ver-

spannt und verschlossen ist – Sie müssen das ebenfalls nicht verändern, es geht nur darum wahrzunehmen, wie es ist. Nehmen Sie auch Ihre Gedanken wahr, auch diese dürfen einfach so da sein wie sie sind.

Richten Sie dann Ihre Aufmerksamkeit auf ein unangenehmes Gefühl in Ihnen – das kann Unzufriedenheit, Wut oder Traurigkeit sein – je nachdem, zu welchem Gefühl Sie gerade einen Zugang bekommen. Laden Sie nun dieses Gefühl ein, sich innerlich zu zeigen. Bitten Sie es, sich auszuweiten und größer zu werden. Beobachten Sie genau, was passiert. Nehmen Sie auch wahr, wenn Sie Angst bekommen. Was taucht auf und wie fühlt es sich an? Welche Gestalt nimmt Ihr Gefühl an? Was möchte es Ihnen sagen oder zeigen? Lassen Sie es mal klein und dann wieder größer werden. Wenn Sie das Gefühl eine Zeit lang zugelassen haben, verabschieden Sie sich wieder von ihm. Vielleicht möchten Sie sich bei ihm dafür bedanken, dass es sich gezeigt hat.

Malen Sie anschließend Ihre Eindrücke auf ein Blatt Papier. Sie können Ihre Erlebnisse auch aufschreiben.

Hinweis: Wenn Ihnen irgendetwas zu viel wird, können Sie die Übung auch jederzeit abbrechen.

## Wut als Schutz

Wir brauchen unsere Wut, um uns zu schützen und zu verteidigen. Viele Menschen werden auch wütend, um die darunter liegenden schmerzhafteren Gefühle im eigenen Innern nicht fühlen zu müssen. Das geschieht meistens nicht bewusst.

### Beispiel

Ein Klient, dessen Tochter nach einer schweren Krankheit verstorben war, schaffte es binnen kürzester Zeit, sich mit fast allen Familienmitgliedern zu zerstreiten. Als Mann hatte er gelernt, stark zu sein und seine Gefühle nicht zu zeigen. Wut war entsprechend seiner Erziehung das einzig zulässige Gefühl. Er fing mit allen Streit an, um den Schmerz über den Verlust der Tochter nicht spüren zu müssen. Das geschah nicht absichtlich, er konnte einfach nicht anders. Da die Situation bald eskalierte, begann er schließlich eine Therapie. In dem Maße, in dem er einen Zugang zu seiner Trauer fand, nahm seine Wut ab und er konnte sich mit seinen Verwandten wieder versöhnen.

Wenn wir uns verletzt, gekränkt und abgelehnt fühlen, schützt uns unsere Wut. Sie hilft uns, den inneren Schmerz zu verdecken und zu überspielen und führt uns aus der Ohnmacht heraus. Dann heißt es nicht selten: »Angriff ist die beste Verteidigung.« Sie verhindert den Kontakt und damit jede mögliche weitere Kränkung und Verletzung. Sie signalisiert dem anderen: »Bleib weg, komm mir nicht zu nah, ich hasse dich!«

**Wut kann ein Schrei nach Nähe sein.**

Dabei kann Wut im tieferen Sinne aber auch ein Schrei nach Nähe sein, eine Verlassenheitsgebärde, deren eigentliche Botschaft lautet: »Ich brauche dich, lass mich bitte nicht im Stich.«

## Eine Geschichte

Auf einem Weg, der zu einem Tempel führte, nahe bei einem kleinen Dorf in Bengalen, lebte einst eine Kobra. Immer wieder biss sie die Leute, die auf dem Weg vorbeikamen, um im Tempel zu beten. Als sich diese Unfälle häuften, nahm die Angst unter den Dorfbewohnern zu und viele weigerten sich, weiterhin zum Tempel zu gehen. Der Swami, der Meister des Tempels, sah die Schwierigkeiten und entschloss sich, etwas zu unternehmen. Er ging zur Schlange, gebrauchte ein Mantra, um sie sich zu unterwerfen. Dann sagte er ihr, dass es nicht gut sei, wenn sie die Leute, die hier vorbeikämen, um im Tempel zu beten, bisse. Er nahm ihr das Versprechen ab, das nie wieder zu tun. Bald danach sahen einige die Schlange auf dem Weg, aber sie machte keine Anstalten, sie zu beißen. Und so sprach es sich herum, dass die Schlange irgendwie passiv geworden sei, und die Menschen verloren ihre Angst. Die Dorfjungen packten sie sogar am Schwanz und zogen sie lachend hierhin und dorthin.

Als der Swami wieder einmal auf dem Weg vorüberkam, rief er die Schlange, um zu sehen, ob sie ihr Versprechen gehalten hatte. Die Schlange kam demütig und in einem miserablen Zustand angekrochen, so dass der Swami ausrief: »Du blutest ja, was ist geschehen?« Die Schlange war den Tränen nahe und schluchzte, dass die Menschen ihr, seit sie dem Swami das Versprechen gegeben habe, übel mitgespielt hätten. »Ich habe dir gesagt, nicht zu beißen«, antwortete da der Swami, »ich habe nicht gemeint, dass du nicht einmal mehr zischen dürftest.«[6]

## Wachsen Sie an Ihrer Wut

### *Der Sinn Ihrer Wut*

Inzwischen ist Ihnen bestimmt klar geworden, dass die Wut nichts ist, was man »wegtherapieren« sollte. Vielmehr weist sie uns auf etwas hin und wir sollten sowohl diesen Fingerzeig als auch die dahinter liegende Kraft für unser Leben nutzen.

Die folgende Fantasiereise ermöglicht Ihnen eine tiefe Begegnung mit Ihrer Wut oder einem verwandten Gefühl. Sie sollten sich für die Reise etwa eine Stunde Zeit nehmen und sich entsprechend Ruhe für die Vor- und Nachbereitung gönnen.

#### *Übung: Der Sinn meiner Wut*

Setzen Sie sich bequem hin, schließen Sie die Augen. Erlauben Sie Ihrem Körper, sich zu entspannen, und lassen Sie ihn sich so ausrichten, wie er es möchte. Richten Sie Ihre Aufmerksamkeit auf Ihren Atem. Nehmen Sie wahr, wie Sie atmen. Sie brauchen nichts zu tun. Vielleicht stellen Sie fest, dass sich Ihre Art zu atmen ganz von selbst verändert. Vielleicht bleibt sie auch, wie sie ist.

Sie werden gleich zu einer Fantasiereise aufbrechen, die Sie zu jenem Bereich führt, in dem Ihr intuitives Wissen wohnt. Gehen Sie mit dem Ziel auf die Reise, Ihre dunklen Gefühle zu treffen – Wut, Ärger, Zorn, Groll. Wenn Ihnen das angebracht erscheint, können Sie ein bestimmtes Gefühl wählen, Sie können aber auch abwarten, welches sich bei Ihnen meldet, während Sie reisen.

Stellen Sie sich vor, dass Sie irgendwo an einem ruhigen Ort sind, drinnen oder draußen. Schauen Sie sich um. Dort ist eine Tür, die sich öffnet, und wenn Sie hindurchgehen, kommen Sie zu einer zweiten Tür, die sich ebenfalls öffnet. Dann stehen Sie auf einem kleinen Hügel ...

Sie sehen einen schmalen Pfad, der hinab in den Wald führt. Sie folgen ihm und wenn Sie immer tiefer in den Wald vordringen, Schritt für Schritt, sehen Sie, wie das Sonnenlicht kleine Flecken zwischen den Bäumen aufleuchten lässt. Sie können die frische Waldluft riechen, während Sie weiter in den Wald hineingehen ... bis Sie den Fuß eines Hügels erreicht haben. Dort entdecken Sie unter großen Bäumen einen kleine See. Leise plätschert das Wasser an sein Ufer...

Sie entdecken ein Boot und machen es los. Sie steigen hinein, setzen sich darin bequem hin, vielleicht wollen Sie sich auch hinlegen. Wenn Ihnen das angenehmer ist, finden Sie darin ein paar weiche Decken und Kissen. Das Boot treibt langsam über das Wasser und schaukelt Sie sanft wie in einer Wiege. Sie erlauben sich, diese sanften Bewegungen zu genießen, während Sie dem Wasser zuhören, das leise gegen das Boot schlägt. Sie treiben hinaus aus dem Schatten der Bäume in das warme Sonnenlicht über dem See...

Ein lauer Wind weht, Sie spüren genau die Temperatur auf Ihrer Haut, die Sie mögen und die Sie tief entspannen lässt. Sie hören die Vögel singen und sehen hoch oben kleine Wölkchen über den Himmel ziehen. Sie fühlen sich gut aufgehoben in dem Boot und genießen den Frieden, den die Natur verströmt, während Sie weiter und weiter treiben. Sie fühlen sich geborgen und mit Ihrer Umgebung verbunden, mit den Bewegungen des Bootes, mit der Wärme und den Klängen. Sie gestatten sich, all das zu genießen, diese perfekte Harmonie und all das, was ist.

Ihr Zeitgefühl hat sich verändert und Sie können nicht sagen, wie viel Zeit vergangen ist, wenn Ihr Boot das ferne Ufer erreicht. Ganz weich landet es am Rand einer Wiese. Sie steigen aus und spüren gleich das Gras unter Ihren Füßen. Sie genießen den Duft der Blüten, während Sie langsam weitergehen. Nun kommen Sie an einen großen Baum, der Ihnen vertraut vorkommt. Sie spüren, dass das Ihr Baum ist. Er lädt Sie ein, sich in seinen Schatten zu setzen...

An diesem Platz sind Sie vollkommen sicher. Es ist Ihr Geheimnis und Sie wissen, dass hier alles möglich ist. An diesem Ort brauchen

Sie nicht allein zu sein. Sie können sich jemanden herbeiwünschen. Vielleicht ist es ein Mensch, den Sie kennen und der Sie unterstützen will. Es spielt keine Rolle, ob er noch am Leben ist oder schon gestorben. Sie können sich auch ein Tier zu sich wünschen oder eine Musik oder einfach das namenlose Gefühl einer Verbindung mit Ihrer inneren Weisheit. Was immer Ihnen Vertrauen gibt und Ihnen hilft zu verstehen, kann jetzt zu Ihnen kommen an Ihren Platz unter dem alten Baum.

Nun ist es Zeit, das dunkle Gefühl zu begrüßen, mit dem Sie sich bekannt machen wollen. Bitten Sie es, sich zu zeigen, und nehmen Sie entspannt wahr, was auftaucht. Können Sie eine Gestalt ausmachen? Sehen Sie sich Ihre Wut, Ihren Schmerz, Ihren Hass oder Ärger an. Fassen Sie das Gefühl an Ihrem sicheren Ort ganz klar ins Auge. Wie sieht es aus? Was für eine Kraft geht von ihm aus?

Fassen Sie sich ein Herz und sprechen Sie dieses Gefühl direkt an. Stellen Sie ihm Fragen, die Sie schon immer beschäftigt haben: Was willst du von mir? Hast du eine Botschaft für mich? Wie soll ich mit dir umgehen? Jede Antwort kann zu einer neuen Frage führen. Lassen Sie sich Zeit, bis Sie alles ausgesprochen haben, was Sie beschäftigt. Und hören Sie ganz offen und aufmerksam zu, welche Antworten kommen. Lassen Sie sich wenigstens drei Minuten Zeit dafür.

Wenn sich Ihr Gespräch dem Ende zuneigt, bemerken Sie, dass jenes dunkle Gefühl ein Geschenk für Sie hat. Was ist es? Wie sieht es aus? Wozu können Sie es gebrauchen? Sehen Sie ganz deutlich vor sich, was Ihnen da übergeben wird, und nehmen Sie es an. Vielleicht ist Ihnen dieses dunkle Gefühl nun schon viel vertrauter. Stellen Sie sich vor, dass Sie mit diesem Gefühl auf der Wiese tanzen. Sie bewegen sich auf eine Weise, die Sie vorher noch nie erlebt haben. Lassen Sie sich überraschen, wie sich dieser Tanz entwickelt, geben Sie sich diesem Tanz völlig hin, bis er von selbst zu Ende geht... (Drei Minuten)

Nun ist es Zeit für den Abschied. Bedanken Sie sich bei Ihrem dunklen Gefühl, bedanken Sie sich bei Ihren Begleitern und Helfern... (Drei Minuten)

Setzen Sie sich noch einmal unter Ihren Baum. Machen Sie sich bewusst, dass Sie immer an diesen Platz zurückkehren können, wenn Sie es möchten. Hier können Sie jederzeit Antworten auf Ihre Fragen bekommen.

Und nun ist es auch Zeit, sich von dem Baum zu verabschieden und der Wiese und der ganzen Natur, die Sie so freundlich willkommen geheißen haben...

Spüren Sie jetzt wieder Ihren Körper, spüren Sie den Stuhl oder die Unterlage unter Ihnen. Lassen Sie sich Zeit. Fangen Sie an, sich zu recken und zu strecken. Während Sie langsam zu Ihrem Alltagsbewusstsein zurückkehren, können Sie beschließen, dass Sie alles, was für Sie wichtig war, gut in Ihrem Gedächtnis aufbewahren. Atmen Sie einmal tief aus. Öffnen Sie die Augen, wenn Sie so weit sind. Dann sind Sie wieder hier, erfrischt und wach.[7]

Nach der Fantasiereise können Sie das, was für Sie von Bedeutung war, malen oder schriftlich festhalten. Lassen Sie sich ausreichend Zeit, um wieder in Ihren Alltag zurückzukehren.

## Verzeihen Sie sich selbst

Auch wenn Sie Ihre Wut immer mehr als positive Kraft annehmen können und von ihrem Sinn überzeugt sind, kann es dennoch Momente geben, in denen Sie sich schlecht fühlen, weil Sie in einer Situation unangemessen heftig reagiert haben. Wenn Sie mal wieder ausgerastet sind, getobt, gebrüllt, geschrieen haben, obwohl Sie ja eigentlich wissen, dass es nicht sinnvoll ist und der Situation manchmal mehr schadet als nützt, sollten Sie es sich unbedingt verzeihen. Nutzen Sie die Erfahrung, um daraus zu lernen.

***Wir lernen aus unseren Fehlern.***

Anstatt sich zu verurteilen und in Grund und Boden zu schämen, sollten Sie liebevoll mit sich sein und sich sagen: »Ich konnte es in dieser Situation noch nicht besser.« Das wird Ihnen eher helfen, zukünftig konstruktiv mit Ihrer Wut umzugehen als die ganzen Schuldvorwürfe. Machen Sie sich bewusst, dass Sie ein Recht auf Ihre Wut haben und dabei sind zu lernen, einen angemessenen Umgang damit zu entwickeln. Fehler machen gehört nun mal zum Lernen dazu.

Dieses gilt natürlich auch für den umgekehrten Fall: Wenn Sie es nicht geschafft haben, Ihren Ärger auszudrücken und stattdessen alles geschluckt haben, sollten Sie sich ebenso verzeihen.

## Schaffen Sie Klarheit

Werden Sie sich nach und nach klar darüber, in welchen Situationen Sie wütend werden und wie Ihre Wut funktioniert. Vielleicht können Sie bestimmte Mechanismen erkennen, die immer wieder dazu führen, dass Sie einen Wutanfall bekommen. Sich dieser Mechanismen bewusst zu werden, könnte ein erster Schritt sein, etwas an Ihrem Wutverhalten zu verändern.

***Was verbirgt meine Wut?***

Fragen Sie sich auch, was Sie mit Ihrem Wutanfall eigentlich erreichen wollten und was bei Ihrem Gegenüber angekommen ist. Was könnte passieren, wenn Sie eindeutiger und bestimmter auftreten? Welche verborgenen Motive könnten hinter Ihrer Wut stecken?

Stellen Sie sich diese Fragen in einem ruhigen Moment, mitten im Streit werden Sie dazu natürlich nicht in der Lage sein. Notieren Sie Ihre Beobachtungen, Erfahrungen und Erfolge in Ihrem Wuttagebuch.

## Erforschen Sie die Ursachen Ihrer Wut

*Werden Sie Ihr eigener Wutexperte.*

Auch für das Erforschen der tieferen Ursachen Ihrer Wut sollten Sie sich Zeit nehmen. Wie bereits gesagt wird unser Wutverhalten von den Erfahrungen der Kindheit geprägt. Sie haben sich ja in einer der früheren Übungen bereits gefragt, wie Ihre Eltern mit Wut umgegangen sind. Welche Verhaltensweisen haben Sie von Ihren Eltern übernommen, welche haben sich bewährt und von welchen möchten Sie sich gerne verabschieden? Was können Sie tun, um sich von unproduktiven Verhaltensmustern zu lösen? Auch wenn Sie diese nicht sofort ablegen können, ist es gut, wenn Sie sich darüber bewusst werden. Fragen Sie sich auch, ob Sie irgendwelche Glaubenssätze verinnerlicht haben, wie zum Beispiel »Wütende Frauen sind unmöglich« oder »Wut ist ein primitives Gefühl«. Trennen Sie sich bewusst von denen, die Ihnen nicht gut tun. Welche Wutmuster kennt Ihr Partner und wo kollidieren Ihre Wutmuster miteinander? Werden Sie zu Ihrem eigenen Wutexperten, zu Ihrer eigenen Wutexpertin. Vielleicht wird es Ihnen irgendwann richtig Spaß machen, mehr über Ihre Wut zu erfahren. Es wird Ihnen auf jeden Fall gut tun, aktiv die Verantwortung für Ihr Handeln zu übernehmen und sich Ihren Gefühlen nicht mehr nur hilflos ausgeliefert zu fühlen.

## Bauen Sie ein gesundes Selbstwertgefühl auf

Wir haben bereits darüber gesprochen, wie sehr das starke oder schwache Selbstwertgefühl am Aufflackern der Wut beteiligt ist. Unbestritten lässt uns ein starkes Selbstbewusstsein ausgeglichener sein – wir fühlen uns nicht so leicht angegriffen, wissen, dass wir uns wehren können und haben daher gar nicht so häufig einen Grund, wütend zu werden. Die folgende Übung hilft Ihnen, ein gesundes Selbstwertgefühl aufzubauen.

### Übung: Die Visualisierung Ihrer Schatztruhe

Ziehen Sie sich für etwa eine halbe Stunde an einen angenehmen, sicheren Ort zurück. Legen oder setzen Sie sich bequem hin und schließen Sie die Augen. Lassen Sie alle Alltagsgedanken los und öffnen Sie sich für die innere Stille. Wenn ein Gedanke auftaucht, nehmen Sie das einfach wahr und warten, bis er vorbeigezogen ist wie eine Wolke.

Richten Sie Ihre Aufmerksamkeit nun auf Ihren Körper. Können Sie verspannte Stellen in der Muskulatur ausmachen, atmen Sie tief dort hinein und lassen Sie die Verspannung mit dem Ausatmen entweichen. Ihr Körper wird sich allmählich warm und schwer anfühlen. Jetzt sind Sie bereit für die Reise zu Ihrer inneren Schatztruhe.

Stellen Sie sich vor, wie Sie über eine üppige, grüne Wiese spazieren. Es ist mild und Sie spüren die Sonne auf Ihrer Haut. Sie hören,

wie die Gräser im warmen Wind rascheln. Ein Vogel erhebt sich in die Luft und zwitschert hoch über Ihnen.

Sie folgen einem schmalen Pfad, der zu einem dichten Wäldchen führt. Dort ist es kühl und dunkel und Sie spüren den weichen Boden unter Ihren Füßen. Die Sonne dringt hier und da durch das Blattwerk, dann leuchtet das Moos auf dem Waldboden hellgrün. Sie spüren immer mal wieder im Gehen die Wärme der Sonne auf Ihrem Gesicht.

Sie springen über einen klaren plätschernden Bach. Plötzlich entdecken Sie vor sich eine Höhle. Ein Sonnenstrahl fällt auf eine kleine goldene Kiste, die dort halb versteckt im Moos liegt.

Sie setzen sich auf das weiche, trockene Moos und schauen sich die Truhe an. Wenn es sich für Sie stimmig anfühlt, öffnen Sie ihren Deckel. was sehen Sie? In der Truhe ist etwas ganz Besonderes für Sie: ein Symbol, das Sie an Ihren eigenen persönlichen Wert erinnert. Vielleicht ist es ein Gegenstand, vielleicht sind es aber auch mehrere Dinge. Es könnte ein Stück Pergament sein, auf dem etwas geschrieben steht, ein Ring, eine besonders schöne Blüte oder das Modell eines kleinen Hauses. Es ist etwas, das Sie symbolisch an etwas erinnert, was Sie mit Stolz erfüllt, etwas, das Ihnen ein gutes Gefühl für sich selbst gibt. Lassen Sie zu, dass Ihr Unbewusstes Ihnen genau das Symbol enthüllt, das Ihren inneren Wert in besonderer Weise darstellt.

Wenn Sie so weit sind, können Sie sich von der Höhle verabschieden und langsam wieder in Ihrem Alltagsbewusstsein ankommen. Recken und strecken und Sie sich und öffnen Sie die Augen.[8]

Machen Sie die Übung eine Woche lang jeden Tag, um möglicherweise weitere symbolische Objekte zu entdecken. Schätzen Sie sie als Erinnerungsstücke an Ihre innersten Qualitäten und Werte. Auf diese Übung können Sie stets zurückgreifen, wenn Ihr Selbstwertgefühl ein wenig Aufmunterung braucht.

## *Seien Sie stolz auf Ihre Wut*

Wir haben manchmal die Tendenz, über unsere Fortschritte und Veränderungen hinwegzusehen, sie schnell wieder zu vergessen, schon zu unserer nächsten Aufgabe zu hetzen und uns auf das nächste Problem zu stürzen. Während Komplimente an uns abgleiten, setzt sich Kritik oft ganz tief fest. In der Regel glauben wir eher dem Kritiker als dem, der uns mit Komplimenten beglückt. Woran liegt das? Oft haben wir keine gute Meinung von uns selbst, da wir die ablehnenden Stimmen unserer Eltern und der Gesellschaft verinnerlicht haben. Je klarer uns dieser Mechanismus wird, desto eher können wir uns mit Hilfe unserer Wut dagegen abgrenzen und uns von negativen Botschaften trennen.

***Sich selbst würdigen ist heilsam.***

Um diesen Prozess zu fördern, lade ich Sie jetzt dazu ein, Ihre Erfolge zu würdigen. Auch auf diese Weise können Sie eine unterstützende, positive Haltung zu sich selbst entwickeln.

***Sie können stolz auf sich sein,***

- wenn Sie immer kompetenter im Streiten werden,
- wenn Sie Ihre Wut fühlen, ausdrücken, tanzen, malen, schreiben,
- wenn Sie Ihr Nein ebenso deutlich wie Ihr Ja vertreten können,
- wenn Sie mutig und kraftvoll Stellung beziehen, ohne den anderen zu verletzen,
- wenn Sie Ihr Gegenüber weiterhin mit Respekt behandeln, auch wenn Sie wütend sind,
- wenn Sie die Botschaften Ihrer Gefühle wahr- und ernst nehmen,
- wenn Sie mehr und mehr zur Expertin/zum Experten Ihrer Wut werden,
- wenn Sie mit Ihrem Inneren vertrauter werden,
- wenn Sie sich Ihre Fehler verzeihen,
- wenn Sie sich trauen, Ihre Angst vor Veränderung zuzugeben,

- wenn Sie auch Ihre verletzlichen Seiten akzeptieren können,
- wenn Ihre Beziehungen offener und lebendiger werden und Sie lustvoll auf Ihren Partner zugehen können.

### Übung: Ich bin stolz auf mich

Schauen Sie sich die obige Liste an und vervollständigen Sie sie. Fragen Sie sich:

- Worauf bin ich stolz?
- Was hat sich bereits verändert?
- Was habe ich gewagt und ausprobiert?
- Welche der genannten Punkte treffen auf mich zu?
- Von welchen Punkten wünsche ich mir, dass sie bald zutreffen?

Sehen Sie diese Liste nicht als etwas an, das Sie bereits erreicht haben müssen, sondern auch als Ansporn, voller Freude auf neue Ziele zuzugehen. Ihre Wut wird Sie dabei unterstützen.

## Persönliche Grundrechte

Zur Stärkung Ihres Selbstbewusstseins stelle ich Ihnen zum Ende dieses Kapitels einige persönliche Grundrechte vor, die von amerikanischen Frauenrechtlerinnen erarbeitet wurden. Manche werden Ihnen vielleicht wie selbstverständlich vorkommen, andere wiederum werden Sie überraschen. Lesen Sie die Liste und lassen Sie sie auf sich wirken.

- Ich habe das Recht, mit Respekt behandelt zu werden.
- Ich habe das Recht, eigene Gefühle und Meinungen zu haben und diese zu äußern.
- Ich habe das Recht, mein Verhalten, meine Gefühle und meine Gedanken selber zu beurteilen und brauche mich dafür weder zu rechtfertigen noch zu entschuldigen.
- Ich habe das Recht, meine eigenen Wünsche und Bedürfnissen ebenso ernst zu nehmen wie die anderer Menschen.
- Ich habe das Recht, Fehler zu machen und die Folgen zu tragen.
- Ich habe das Recht, anderen eine Bitte abzuschlagen, ohne mich dafür schuldig zu fühlen.
- Ich habe das Recht, meine Meinung zu ändern.
- Ich habe das Recht, unlogisch zu sein.
- Ich habe das Recht, selber zu entscheiden, ob ich das, was andere an mir kritisieren, ändern will.
- Ich habe das Recht, selber zu beurteilen, ob ich für die Lösung der Probleme anderer Menschen mitverantwortlich bin.
- Ich habe das Recht, Fragen nicht zu beantworten.
- Ich habe das Recht, zu sagen: »Ich verstehe nicht« oder »Ich brauche Zeit, um darüber nachzudenken.«
- Ich habe das Recht zu sagen: »Ich weiß nicht«, wenn andere sagen: »Was wäre denn, wenn alle so dächten wie du?«
- Ich habe das Recht, Nein zu sagen, ohne dieses Nein zu begründen.
- Ich habe das Recht, mich von allem fern zu halten, was mich kränkt und mir schadet.[9]

### *Übung: Die Grundrechte in meinem Leben*

Nehmen Sie sich etwas Zeit für folgende Fragen:

- Wie fühlen Sie sich, nachdem Sie die Grundrechte gelesen haben?
- Woran würden Sie merken, dass der Mensch, der vor Ihnen steht, überzeugt davon ist, all diese Rechte zu haben?
- Welche Rechte könnten Sie auf sich übertragen und zu Ihren persönlichen Grundrechten machen, bei welchen haben Sie Probleme und wieso?
- Ergänzen Sie die Liste durch weitere Rechte, die Ihnen wichtig sind.
- Machen Sie sich eine Kopie von den Grundrechten und hängen Sie sie an einen Platz in Ihrer Wohnung, wo Sie sie täglich sehen. Gehen Sie mit den Grundrechten gewappnet in den Tag. Kämpfen Sie den »guten Kampf«, das heißt setzen Sie sich für sich, für Ihre Bedürfnisse und Rechte ein.

### *Übung zu zweit: Umgang mit den Grundrechten*

Wählen Sie eines der Grundrechte aus, das Sie besonders anspricht. Vertreten Sie dann dieses Grundrecht Ihrem Partner gegenüber. Sprechen Sie es mehrere Male aus und überzeugen Sie ihn, dass es sich um Ihr persönliches Recht handelt, zum Beispiel: Ich habe das Recht, mich von allem fern zu halten, was mich kränkt und mir schadet.

Nehmen Sie wahr, wie Sie sich dabei fühlen und ob negative Stimmen in Ihnen auftauchen, wie: »Was bildest du dir ein? Du denkst wohl, du bist etwas Besonderes. Was nimmst du dir heraus!« Kennen Sie diese Stimmen aus der Kindheit? Was möchten Sie diesen Stimmen entgegensetzen? Tauschen Sie sich mit Ihrem Partner über Ihre Erfahrungen aus und wechseln Sie dann die Rollen.

# Der sinnvolle Umgang mit der Wut

*Jeder kann wütend werden, das ist einfach.*
*Aber wütend auf den Richtigen zu sein,*
*im richtigen Maß, zur richtigen Zeit,*
*zum richtigen Zweck und auf die richtige Art,*
*das ist schwer.*
Aristoteles

Es gibt viele Möglichkeiten, sinnvoll und konstruktiv mit der Wut umzugehen. In diesem Buch haben Sie schon einige kennen gelernt, und weitere werden in diesem Kapitel noch folgen. Neben therapeutischen Methoden, die Ihnen langfristig helfen, Ihre Einstellung zur Wut zu ändern und Ihre alten Wunden zu heilen, sind auch die Wege wichtig, mit der akuten Wut umzugehen, wenn sie gerade da ist.

## Die Angst vor der Wut verlieren

Die vielen verschiedenen Ängste im Zusammenhang mit der Wut haben wir uns schon angesehen. Es ist wichtig, sie ernst zu nehmen. Setzen Sie sich nicht unter Druck, Ihre Wut herauslassen zu müssen. Viel sinnvoller ist es, ein Gespür für diesen Anteil zu bekommen und ihn kennen zu lernen. Dazu möchte ich Ihnen eine kleine Übung vorschlagen:

### *Übung: So ist meine Wut*

Stellen Sie sich Ihre Wut einmal bildlich vor. Wie sähe sie aus? An welcher Stelle in Ihrem Körper würde sie sich befinden? Welche Form oder welche Gestalt, welche Konsistenz und welche Farbe hätte sie? Welches Geräusch würde sie machen und welche Bewegung oder Geste? Gäbe es einen typischen Satz für Ihre Wut?

Stellen Sie sich all das so genau wie möglich vor und bringen Sie es dann auf ein Blatt Papier. Nun haben Sie sich ein Bild von Ihrer Wut gemacht.

## Jetzt bin ich wütend! – Was Sie tun können

Machen Sie sich bewusst, dass es völlig in Ordnung ist, wenn Sie Ihre Wut ausdrücken. Geben Sie sich selbst die Erlaubnis dazu. Ihr ganzer Organismus wird sich hinterher besser und freier fühlen. Wenn Sie irgendwelche Botschaften aus der Vergangenheit blockieren, wie beispielsweise: »Du bist ein schlechter Mensch, wenn du wütend bist« oder »Du bist genauso wie dein Vater/deine Mutter (wie der Elternteil, der gewalttätig war)«, dann sagen Sie deutlich zu sich: »Auch nette Menschen dürfen wütend werden, Wut ist ein Gefühl wie jedes andere auch, sich ärgern ist ganz gesund und normal.« Sagen Sie, was für Sie am besten passt. Falls es Ihnen schwer fällt, den alten Botschaften etwas entgegenzusetzen, stellen Sie sich eine gute Freundin oder Therapeutin vor, die Sie dazu ermutigt, wütend zu sein.

***Machen Sie sich frei für Ihre Wut.***

Alle Übungen, die ich im Folgenden vorschlage, können Sie jederzeit unterbrechen. Vielleicht trauen Sie sich am Anfang noch nicht, auf ein Kissen zu schlagen. Finden Sie dann heraus, was für Sie möglich ist. Für eine Frau aus unserer Gruppe, die sehr viel Angst vor ihren Aggressionen hatte, war es der erste Schritt, leere Flaschen mit Wucht in den Altglas-Container zu werfen.

## *Einen sicheren Ort schaffen*

Wenn Sie so richtig wütend sind, ist es wichtig, dass Sie an einen sicheren Ort gehen, an dem Sie Ihre Wut ausdrücken können. Ein sicherer Ort ist ein Platz, an dem Sie weder sich selbst noch andere verletzen können. Das kann zu Hause in Ihrem Zimmer sein, im Auto, an einem einsamen Strand, innerhalb der Therapie oder einer Selbsthilfegruppe. Wichtig ist auch, dass Sie sich dort geborgen und angenommen fühlen, denn es geht darum, dass Sie Ihre Wut zulassen. Es muss dort möglich sein, laut zu werden und die Wut körperlich auszudrücken.

### *Beispiel*

Meine ersten Erfahrungen mit Wut fanden im Auto statt. Es war herrlich zu entdecken, dass man im Auto hemmungslos schimpfen und schreien kann, ohne jemanden zu stören und zu verletzen. Begleitet von lauter Musik konnte ich dort so manchen Ärger verarbeiten. Natürlich ist es im Auto nur begrenzt möglich, die Wut zuzulassen, da man sonst sich selbst und andere gefährden würde.

Wenn Ihre Wut sehr stark ist, sollten Sie natürlich auf keinen Fall weiterfahren, sondern anhalten, bis Sie sich wieder ruhiger fühlen.

Die Wut im Auto auszudrücken, bedeutet absolut nicht, sich aggressiv im Autoverkehr zu verhalten, andere Fahrer zu beschimpfen, dicht aufzufahren oder mit der Lichthupe zu blenden. Das ist ein absolut unverantwortliches Verhalten, mit dem Sie sich und andere gefährden. Aber Sie können das Auto als Raum benutzen, in dem Sie allein sind und weder gehört noch genau gesehen werden.

### *Sprechen Sie über Ihre Wut*

Sie sind verletzt und wütend – vielleicht hat Ihre Vorgesetzte Sie wieder mal völlig zu Unrecht kritisiert. Sie wissen gar nicht, wohin mit Ihrem Zorn.

In so einem Moment kann es hilfreich sein, sich mit einer vertrauten Person (zum Beispiel einer Freundin) zu treffen, die nichts mit dem Konflikt zu tun hat, und dieser Ihr Herz auszuschütten. Sprechen Sie alles aus, was Sie geärgert hat. Verabreden Sie vorher mit Ihrer Freundin, dass sie Sie nicht beschwichtigt und beruhigt, den Konflikt auch nicht rationalisiert oder Ihnen irgendwelche Ratschläge gibt, sondern Ihnen einfach nur zuhört und Platz für Ihre Gefühle lässt. Günstig kann es sein, dabei einen Spaziergang zu machen, denn durch die äußere Bewegung kann sich das Innere auch besser bewegen. Nachdem Sie alles ausgedrückt haben, fühlen Sie sich hinterher meistens erleichtert und können der Person, die ihre Wut ausgelöst hat, zu einem geeigneten Zeitpunkt gegenübertreten und den Konflikt klären.

### *Übung: Gehen*

Wenn Sie wütend sind, kann es sehr hilfreich sein, einfach zu gehen. Sie können sowohl einen langen Spaziergang machen als auch in Ihrer Wohnung auf und ab gehen.

### *Leben Sie Ihre Wut in Ihrer Vorstellung aus*

Wenn Sie keine Möglichkeit haben, laut zu werden und auch nur wenig Zeit und Raum zur Verfügung steht, dann können Sie Ihre Wut auch in der Fantasie ausleben. Stellen Sie sich vor, wie Sie der anderen Person alles sagen, was Sie geärgert hat. Beschimpfen Sie den anderen, verprügeln Sie ihn, tun Sie ihm in Gedanken weh. Leben Sie in Ihrer Vorstellung alles aus, was in Ihnen ist, sogar Ihre Rache- und Mordfantasien. Setzen Sie sich keine Grenzen, alles ist erlaubt. In Ihrer Innenwelt gelten nämlich andere Gesetze als in der Außenwelt, es wird niemand verletzt und zu Schaden kommen. Hinterher fühlen Sie sich erleichtert und sind nicht mehr gefährdet, tatsächlich so mit Ihrem Gegenüber umzugehen. Sie können diese Übung nach Bedarf wiederholen.

Viele Menschen glauben, dass es schädlich und moralisch verwerflich ist, seine Wut- und Gewaltfantasien auszuleben. Ich habe festgestellt, dass es eine gute und heilsame Methode ist, mit tiefen Gefühlen umzugehen und keinerlei negative Folgen hat.

### *Schreiben Sie Ihre Wut*

Suchen Sie einen Ort auf, an dem Sie für einige Zeit ungestört sind. Schreiben Sie einen Brief, in dem Sie alles ausdrücken, was Sie schon immer loswerden wollten. Richten Sie Ihren Brief an die Person oder die Sache, über die Sie sich ärgern, auch wenn Sie es selbst sind: »Liebe Mutti«, »Liebe Politiker«, »Liebes Ich«... Sie können den Brief aber auch an jemanden richten, von dem Sie sich verstanden fühlen: »Liebe Therapeutin«, »Lieber Bruder«, »Liebe Freundin«... Sie können den Brief auch einfach so schreiben, ohne ihn an eine bestimmte Person oder Sache zu richten, beispielsweise dann wenn Sie gar nicht wissen, warum Sie wütend sind.

Schreiben Sie alles auf, was Sie geärgert und wütend gemacht hat. Sie dürfen ungerecht sein und den anderen hemmungslos beschimpfen, so lange, bis Sie sich besser fühlen.

Setzen Sie sich eine bestimmte Zeit (vielleicht 20 Minuten) und schreiben Sie während dieser Zeit ununterbrochen, ohne aufzuhören, auch wenn Sie sich noch so oft wiederholen. Halten Sie nichts zurück, drücken Sie alles aus, was Sie stört. Niemand außer Ihnen wird diesen Brief lesen. Sie werden ihn ja nicht wegschicken. Sie können den Brief anschließend auch verbrennen – und das kann sehr wirkungsvoll sein.

Nach der Übung sollten Sie sich etwas Zeit lassen, bevor Sie wieder ins Alltagsgeschehen eintauchen.

### *Malen Sie Ihre Wut*

Nehmen Sie sich einen großen Bogen Papier und ein paar Pastellkreiden. Wichtig ist es, dass Sie eine feste Unterlage für das Papier haben. Beginnen Sie damit, Ihre Wut zu malen. Drücken Sie alles, was in Ihnen ist, auf dem Papier aus. Es muss nicht schön oder bunt sein. Setzen Sie Ihren ganzen Körper beim Malen ein und toben Sie sich auf dem Papier aus. Um Ihrer Wut noch mehr Ausdruck zu geben, können Sie das Bild hinterher auch zerreißen.

### *Beispiel*

Ich kann mich noch gut an eine Frau aus einer unserer Gruppen erinnern, die mit großer Lust und sehr lautstark einen ganzen Bogen Papier schwarz bemalte. Sie war so vertieft, dass wir sie irgendwann stoppen mussten, denn sonst hätte sie auch noch den Teppich schwarz bemalt. Hinterher fühlte sie sich sehr befreit.

*Tanzen Sie Ihre Wut*

Sorgen Sie dafür, dass Sie für einige Zeit ungestört sind und richten Sie Ihr Zimmer entsprechend her. Vielleicht ist es angenehmer für Sie, den Raum zu verdunkeln. Dann stellen Sie möglichst rhythmische Musik an und tanzen Ihre Wut – Ihren Wuttanz. Überlassen Sie sich ganz Ihrem Körper und Ihrem Gefühl. Wenn Töne kommen wollen, dann lassen Sie diese zu. Tanzen Sie so lange, bis Sie sich besser fühlen.

Passende Musik dafür könnte sein: Amma »Drums of Fire«, Maori Beat, »Gladiator« Musik zum Film von Hans Zimmer, »Morealah«, Kailash & Friends, »TNT« von AC/DC.

### *Drücken Sie Ihre Wut körperlich aus*

Sie sind wütend auf Ihre Partnerin (oder jemand anderen) und spüren eine maßlose Wut in sich. Vielleicht hat sich diese Wut schon seit längerem angestaut. Sie möchten Ihrer Partnerin wehtun und sie verletzen. In diesem Zustand sollten Sie ihr nicht gegenübertreten. Ziehen Sie sich an einen sicheren Ort zurück, wo Sie für einige Zeit ungestört sind und Ihre Wut uneingeschränkt ausdrücken können.

Legen Sie stellvertretend für Ihre Partnerin ein Kissen vor sich hin. Schließen Sie dann Ihre Augen und spüren Sie zunächst zu Ihrer Wut hin. Nehmen Sie wahr, wie sie sich anfühlt. Wenn es Ihnen schwer fällt, in Kontakt mit Ihrer Wut zu kommen, rufen Sie sich die Situation in Erinnerung, die Sie wütend gemacht hat oder, wenn das schwierig ist, irgendeine Situation, in der Sie wütend waren. Lassen Sie das Gefühl zu – auch wenn es Ihnen vielleicht zunächst unangenehm ist. Lassen Sie die Wut Ihre Arme hinunter- und in Ihre Hände hineinfließen. Stellen Sie sich die Szene immer wieder vor, damit die Wut noch mehr anwächst. Wenn Sie ganz mit dem Gefühl in Kontakt sind, treten Sie in Aktion. Nehmen Sie Ihre Arme hoch, lehnen Sie sich weit zurück, nehmen Sie einen tiefen Atemzug und beginnen Sie dann, auf das Kissen einzuschlagen. Schlagen Sie so fest Sie können. Atmen Sie bei jedem Schlag laut aus. Übertreiben Sie Ihre Bewegungen, auch wenn Sie sich dabei etwas lächerlich fühlen. Schreien Sie bei jedem Schlag laut heraus, worüber Sie sich ärgern: »Ich bin so wütend auf dich, du bist so gemein, immer lässt du mich warten, ich hasse dich...«

Wenn Sie wütend sind, ohne zu wissen warum, dann wiederholen Sie einfach nur: »Ich bin so wütend, ich bin so wütend!« Beschimpfen Sie das Kissen hemmungslos, toben Sie sich richtig aus und drücken Sie die Wut mit Ihrem ganzen Körper aus. Vielleicht fangen Sie plötzlich wild an zu schreien und mit den Fäusten auf das Kissen einzuschlagen. Das ist in Ordnung.

Irgendwann wird die Wut von selbst verebben. Wenn es so weit ist, holen Sie noch einmal aus und schlagen ein letztes Mal auf das Kissen ein. Manchmal kristallisiert sich während der Übung ein zentraler Satz heraus, schreien Sie diesen zum Abschluss noch einmal ganz laut. Vielleicht schlägt die Wut aber auch um und wird zur Traurigkeit, das ist in Ordnung. Vielleicht erkennen Sie auch, dass Ihre Freundin nicht der erste Mensch war, der Sie verletzt hat und dass Ihre Wut tiefere Ursachen hat.

Im Anschluss an diese Übung sollten Sie sich etwas Zeit lassen, wieder in den Alltag zurückzukommen. Es kann sein, dass Sie sich erschöpft und verletzlich fühlen, es kann aber auch sein, dass Sie sich kraftvoll und energiegeladen fühlen. Tun Sie, wonach Ihnen zumute ist: Schreiben Sie Ihre Erfahrungen auf, um sie zu verarbeiten, oder gehen Sie spazieren. Lassen Sie sich Zeit und treten Sie Ihrer Partnerin erst dann wieder gegenüber, wenn Sie zur Ruhe gekommen sind und sich in der Lage fühlen den Konflikt auf angemessene Art und Weise zu führen.

Wenn Sie nicht sehr laut werden können, ist es auch möglich die Wut in ein Kissen zu schreien oder Hintergrundmusik abzuspielen, die den Lärm verdeckt. Diese Musik sollte natürlich so ausgewählt sein, dass Sie Ihren Wutausdruck fördert.

Die Frage, ob es sinnvoll ist, Gefühle einschließlich Wut auszudrücken oder nicht, wird unter Psychologen und Therapeuten immer wieder diskutiert. Es scheint, als stünden sich sehr extreme Positionen gegenüber. Zum einen wird vertreten, dass jeder Ausdruck von Gefühlen befreiend und entlastend ist, im Sinne von: »Lass alles raus!« Auf der anderen Seite wird es für schädlich befunden, man sieht darin die Gefahr für weitere Verletzungen und propagiert deshalb einen kontrollierten Umgang mit Gefühlen. Anhand von vielen Berichten und eigenen Erfahrungen in meiner Praxis und den Gruppen habe ich den Eindruck gewonnen, dass es für Menschen hilfreich ist, ihre Gefühle auszudrücken und zuzulassen, wenn sie dieses bewusst tun und es in einem geschützten Rahmen geschieht.

*Alles rauslassen kann helfen.*

### *Trotz-Übung*

Suchen Sie auch für diese Übung wieder einen Ort auf, an dem Sie für einige Zeit ungestört sind. Legen Sie sich auf den Rücken. Schlagen Sie abwechselnd zunächst mit dem einen und dann mit dem anderen Arm auf die Matratze und treten Sie zugleich mal mit dem einen und dann mit dem andern Bein aus. Sagen Sie dabei »Nein« oder was Ihnen sonst in den Sinn kommt.

### *Handtuchdrehen*

Fassen Sie ein Handtuch mit beiden Händen und drehen Sie es so fest zusammen wie Sie können, als ob Sie es auswringen wollen. Lassen Sie dabei Töne oder Worte kommen, wie zum Beispiel: »Ich bin so wütend!« Diese Übung ist gut für Sie, wenn Ihre Wut im Schulter- und Nackenbereich festsitzt.

### *In die Natur gehen*

Wenn Sie die Möglichkeit haben, gehen Sie in den Wald mit Ihrer Wut. Schlagen Sie mit Zweigen auf die Erde, werfen Sie Steinbrocken auf den Boden, schleudern Sie tote Äste umher – benehmen Sie sich wie ein Wilder. Die Natur unterstützt Sie, mit Ihrer archaischen Wut in Kontakt zu kommen. Bei dieser Übung ist es besser, zu zweit zu sein, da Sie sich sonst vielleicht nicht sicher genug fühlen.

## Kritik und Zorn angemessen äußern

Bevor Sie Ihre Wut äußern ist es wichtig, eine Realitätsprüfung[10] vorzunehmen. Das bedeutet, dass Sie sich fragen: Worüber bin ich wütend? Was hat mich geärgert? Entspricht die Intensität meiner Wut dem, was die andere Person gesagt oder getan hat?

Nachdem Sie das überprüft haben, sollten Sie sich fragen, ob Sie sich sicher genug fühlen, Ihre Wut auf angemessene Weise, das heißt ohne den anderen oder sich selbst zu verletzen, auszudrücken. Wenn Sie beides positiv beantworten können, fragen Sie die andere Person, ob sie Zeit für Sie hat und offen für Kritik ist. Nur wenn der andere auch bereit ist, dürfen Sie loslegen.

*Ist der andere offen für Ihre Kritik?*

Wenn Sie merken, dass Sie sich noch nicht ganz im Griff haben, sollten Sie sich zurückziehen und einige der Übungen aus dem vorigen Kapitel machen. Danach können Sie wieder auf den Betreffenden zugehen.

### *So machen Sie es richtig*

- Behandeln Sie die andere Person weiterhin mit Respekt. Lassen Sie sie ausreden und fallen Sie ihr nicht ins Wort. Vertreten Sie Ihre Interessen, ohne den anderen abzuwerten oder zu ignorieren.
- Sie können Ihre Gefühle nachdrücklich als Ich-Botschaft äußern und sagen: »Ich bin wütend.« Diesen Satz können Sie mehrmals mit der ganzen Intensität Ihres Gefühls wiederholen. Sie tun der anderen Person damit nicht weh, da Sie nur von sich sprechen und keine Schuldzuweisungen machen.
- Sie können diesen Satz auch mit einer möglichst konkreten Bitte an die andere Person richten: »Ich bin wütend und wünsche mir, dass du in Zukunft...«
- Benennen Sie Ihre Kritikpunkte so konkret und sachlich wie möglich. Erklären Sie, welche Folgen das Verhalten der anderen Person für Sie hat und welche Gefühle es bei Ihnen ausgelöst hat. »Wenn du mich..., dann fühle ich mich...«
- Hören Sie Ihrem Gegenüber zu und bemühen Sie sich, seine Sichtweise zu verstehen.
- Vermeiden Sie die Ausweitung des Konflikts, greifen Sie also nicht auf Ereignisse aus der Vergangenheit zurück.

- Machen Sie keine Schuldzuweisungen, sie würden die Störung nur noch verstärken.
- Denken Sie daran, dass das Ziel die Lösung des Konflikts ist und nicht der Sieg oder die Niederlage einer Seite sein sollte.
- Bleiben Sie so lange, bis Sie gemeinsam beschließen, das Gespräch zu beenden.

***Sie sollten auf keinen Fall***

- ohne Einverständnis des anderen mit Ihrer Wut oder Kritik loslegen,
- den anderen beschimpfen, beleidigen, anbrüllen, verspotten, demütigen, bedrohen, ihm Vorwürfe machen oder ihn sogar tätlich angreifen,
- Schuldzuweisungen machen,
- einfach weggehen.

## *Jeder Streit ist anders*

Es ist ganz normal, dass Sie in einer heißen Phase des Streits auch mal für kurze Zeit von den Regeln abweichen. Sie sollten aber versuchen, immer wieder dahin zurückzukehren. Auch hier gilt, dass Sie üben und Fehler machen dürfen.

Viele Konflikte lassen sich nicht in einem einzigen Gespräch klären. Bleiben Sie beharrlich und stellen Sie sich darauf ein, öfter über das gleiche Thema zu reden, ohne dabei verbissen zu werden.

Nicht immer ist es möglich, einen Konflikt sofort zu klären. Manchmal brauchen die Betroffenen Zeit, um wieder aufeinander zuzugehen. Die Distanzierung ist wichtig, um sich zu sammeln und wieder klar zu werden. Lassen Sie sich und Ihrem Gegenüber die Zeit, auch wenn es manchmal schwer ist, einen ungelösten Konflikt auszuhalten.

***Manchmal dauert es länger.***

## *Das Beispiel vom Anfang*

Erinnern Sie sich noch? Paul hatte seiner Mutter versprochen, einkaufen zu gehen. Sie kam mit der Vorfreude von der Arbeit nach Hause, dass alles schon da ist und sie gleich mit dem Kochen beginnen kann. Umso größer war ihre Enttäuschung, als sie entdeckte, dass Paul den Einkauf vergessen hatte. Sie hatte einen stressigen Tag hinter sich und war nun völlig entnervt.

**Und ab hier schreiben wir die Geschichte neu:** Frau H. weiß genau, dass es Streit geben wird, wenn sie in dieser Verfassung zu ihrem Sohn geht...

**Variante 1**
... Deshalb macht sie sich erst einmal Tee und eine Kleinigkeit zu essen. Sie setzt sich hin. Nach etwa einer halben Stunde, nachdem sie sich etwas entspannt hat und von ihrem stressigen Tag Abstand gewonnen hat, geht sie zu Paul ins Zimmer.

**Variante 2**
... Deshalb zieht sich Frau H. erst mal in ihr Zimmer zurück. Sie nimmt den Bataka-Schläger in die Hand und schlägt auf ein Kissen ein. Dabei brüllt sie und gibt Töne von sich. Sie hatte sich furchtbar über einen Kollegen geärgert. Diesen beschimpft sie jetzt und drückt ihre Wut verbal und körperlich aus. Die Wut auf Paul, weil er nicht eingekauft hat, findet dabei auch gleich ihren Ausdruck.

Nachdem sie sich etwa zehn bis zwanzig Minuten ausgetobt hat, geht sie in die Küche zurück, trinkt einen Tee und geht dann zu Paul ins Zimmer.

Sie begrüßt ihn freundlich und sagt: »Paul, du wolltest doch einkaufen gehen, bitte geh jetzt los, dann kann ich gleich etwas kochen.« Paul erinnert sich und sagt: »Ach ja, das habe ich ja ganz vergessen, okay, ich gehe gleich.« Er macht sich auf den Weg, kommt nach einiger Zeit zurück, und während Frau H. etwas zu essen kocht, plaudern die beiden miteinander. In der entspannten Atmosphäre erzählt Frau H., dass sie wütend war, als sie nach Hause kam und feststellen musste, dass Paul noch nicht einkaufen war. Sie fragt ihn, wie es dazu kommen konnte, dass er es vergessen hat. Er erzählt von seinem Tag und dass er darüber alles andere vergessen hat. Frau H. hat Verständnis und weist ihn freundlich darauf hin, dass er dennoch seine Aufgaben erledigen soll. Auch Frau H. berichtet ihrem Sohn von ihrem Arbeitstag. Er versteht dadurch, weshalb es wichtig ist, dass sich jeder in der Familie an den Aufgaben beteiligt. Er hilft seiner Mutter beim Tischdecken und der Abend verläuft ganz harmonisch.

In dem veränderten Beispiel hält Frau H. ihre Wut gegenüber Paul zurück, zum einen, weil sie weiß, dass die Situation eskalieren würde, wenn sie Paul in dieser Stimmung gegenübertreten würde, und zum anderen, weil Paul auch etwas von der Wut, die mit ihrem Arbeitstag zu tun hat, abbekommen würde. Sie sorgt erst einmal für sich (bei Variante 1 ebenso wie bei 2), anschließend geht sie zu Paul und sagt ihm auf angemessene Art und Weise, was er tun soll. Die Situation ist dadurch, dass Frau H. so bewusst mit ihrer Wut umgegangen ist, entspannt geblieben und nicht eskaliert.

## Versteckte Bedürfnisse

Hinter unserer Wut sind oft Bedürfnisse verborgen. Wenn Sie wütend sind, kann es daher sehr hilfreich sein, wenn Sie sich fragen, was Sie sich von Ihrem Gegenüber wünschen. In unseren therapeutischen Gruppen kommt es immer wieder vor, dass Konflikte auftreten. In der Regel darf dann jeder der beiden Kontrahenten erst einmal sagen, was ihn/sie wütend gemacht hat. Nachdem die Gefühle auf angemessene Weise zum Ausdruck gebracht wurden, fragen wir, welche Bedürfnisse die eine an die andere Person hat. Manchmal kommt dann so etwas dabei heraus wie: »Ich möchte, dass du mich in Zukunft respektierst« oder »Ich möchte, dass du nicht abfällig über meine Art zu sein sprichst« oder »Ich wünsche mir, dass du mich in den Arm nimmst.« Nachdem alles ausgesprochen wurde, kann man sich, wenn es stimmt, bei der anderen Person bedanken – denn wenn man sich mit jemandem streitet, bedeutet das meistens auch, dass einem die Beziehung wichtig ist. In den Kampfkünsten wie Karate oder Judo verbeugen sich die Gegner am Ende eines Kampfes voreinander.

**Hinter der Wut steckt ein Bedürfnis.**

Wut kann ein tiefes Bedürfnis nach Angenommensein und Zuwendung ausdrücken. Je stärker die Enttäuschung und Wut ist, desto tiefer ist oft die Sehnsucht. Vor Jahren erschien ein Plakat, das ein trotziges, schmollendes Kind zeigte und den Untertitel hatte: »Wenn ich so bin, brauche ich dich am meisten.«

## Mitgefühl und Versöhnung

Wenn wir einer Person, die uns verletzt hat, vergeben wollen, müssen wir uns als Erstes noch einmal auf das ganze Ausmaß unserer Verletzung einlassen. Wir vergegenwärtigen uns, was uns verletzt hat und spüren, wie wir uns damit fühlen. Wir lassen uns sowohl auf unseren Ärger und unsere Wut ein als auch auf den Wunsch, den anderen zu bestrafen und Rache zu üben. Das agieren wir nicht aus, sondern lassen es innerlich als Gefühl zu.

**Vor dem Vergeben steht das Gefühl der Wut.**

Wenn wir uns entschieden haben, zu vergeben, bedeutet das auch, dass wir auf unseren berechtigten Ärger verzichten. Diesen Verzicht gilt es zu würdigen. Wenn wir vergeben, fühlen wir uns in den Menschen, der uns verletzt und Unrecht getan hat, ein und entwickeln Mitgefühl für ihn. Um unser Gegenüber besser zu verstehen, können wir versuchen, das Ereignis aus seiner Perspektive wahrzunehmen. Vielleicht erinnern wir uns auch an Situationen, in denen wir selbst einer anderen Person wehgetan und Unrecht zugefügt haben. Indem wir einem anderen vergeben, können wir möglicherweise auch uns selbst unsere Fehler und Unzulänglichkeiten vergeben. Dadurch erweitern wir unsere emotionalen Grenzen. Nähe und Verbindung können entstehen. Vielleicht tauchen, nachdem wir dem anderen vergeben konnten, auch Erinnerungen an gemeinsame schöne Zeiten wieder auf, die durch den Schmerz und die Kränkung verschüttet worden waren.

Vergebung macht nur Sinn, wenn sie aus dem Herzen geschieht, wenn es ein eher vernunftgesteuerter Vorgang ist, dann bleibt sie oberflächlich.

*Vergebung muss vom Herzen kommen.*

Manchmal braucht der Prozess der Vergebung viel Zeit, je nachdem wie tief die Verletzungen sind. Manchmal braucht er länger als ein Menschenleben, denn Vergebung ist nicht immer möglich und sollte auch nicht zum Prinzip erklärt werden. Gerade bei Traumatisierungen wie sexuellem Missbrauch können die Betroffenen den Tätern oft nicht vergeben und auch das muss akzeptiert werden.

*Übung*

Wählen Sie einen Menschen aus, auf den Sie besonders ärgerlich sind. Schreiben Sie ihm einen Brief und drücken Sie in diesem Brief alle Gefühle aus, die Sie ihm gegenüber empfinden. Dieser Brief soll nicht abgeschickt werden.

Übertreiben Sie ruhig, Sie können Ihren Ärger über die Rücksichtslosigkeit und Grausamkeit Ihres Gegenübers zeigen, den Übeltäter verdammen und imaginäre Strafen verhängen. Sie können auch Ihre Angst benennen, erneut von dieser Person verletzt zu werden. Der Brief endet erst, wenn Sie alles ausgedrückt haben. Am besten ist es, wenn Sie den Brief schnell und ohne großes Nachdenken verfassen. Sie müssen keine Rücksicht nehmen, nutzen Sie vielmehr die Gelegenheit, Ihre Gefühle und Ihre Verletztheit zum Ausdruck zu bringen.

Nachdem Sie den Brief geschrieben haben, lassen Sie ihn lebendig werden: Lesen Sie ihn laut vor. Stellen Sie sich vor, Sie würden ihn der Person, die Sie verletzt hat, vortragen. Wiederholen Sie einzelne Wörter und Sätze, die Ihnen besonders passend und ausdrucksstark erscheinen. Spielen Sie mit der Lautstärke, indem Sie manche Sätze laut sagen und andere wiederum leise. Wenn Tränen aufsteigen, ist das in Ordnung. Erlauben Sie sich auch, wütend zu sein. Beenden Sie die Übung erst, wenn Sie das Gefühl haben, dass es genug ist. Sie können die Übung auch öfter wiederholen.

Alles, was in diesem Buch bisher beschrieben wurde, können Sie auf alle möglichen Situationen und Beziehungen anwenden. Im Folgenden werden wir uns mit den partnerschaftlichen Beziehungen, der Wut in Familien und der zwischen Kollegen und Freunden jeweils einzeln befassen. Doch natürlich lässt sich das, was Sie dort für sich entdecken, auch auf alle anderen Lebensbereiche übertragen.

## Vom Umgang mit der Wut in der Partnerschaft

Wenn wir von unserem Partner/unserer Partnerin zurückgewiesen und abgelehnt werden, kann das heftige Gefühle auslösen. Wir fühlen uns gekränkt und ungeliebt und aufgrund unserer Fehler oder mangelnder positiver Eigenschaften abgelehnt. Wir fühlen uns wertlos und verlieren die positive Einstellung zu uns selbst. Um unser verletztes Selbstwertgefühl wieder aufzurichten, reagieren wir möglicherweise mit Beschimpfungen, Verachtung und Rache. Es ist der Versuch, Kontrolle und Macht über den anderen zu bekommen, um den Schmerz nicht zu spüren. Insgeheim hoffen wir, damit die Zuneigung unseres Partners zurückzugewinnen. Es verschafft uns Befriedigung, den Partner zu verletzen und ihn gezielt an seinen wunden Stellen zu treffen. Wir fühlen uns dabei völlig im Recht, er soll genauso leiden wie wir, denn schließlich hat er uns wehgetan.

***Der Partner steht uns am nächsten.***

Leider stellt sich meistens heraus, dass unsere Rechnung nicht aufgeht. Tief innen fühlen wir uns nach wie vor durch die Ablehnung verletzt. Hinzu kommen unsere Schuldgefühle darüber, dass wir den anderen so schlecht behandeln. Außerdem stellen wir fest, dass sich unser Partner durch unser Verhalten nur noch mehr distanziert. Wir bleiben mit ihm in einer negativen Verbindung, die eine tatsächliche Klärung und Lösung verhindert und in einer nicht enden wollenden Spirale von Verletzungen, Machtspielen und Rachefeldzügen eskalieren kann.

In unserem Leben kann es immer wieder vorkommen, dass wir verletzt werden, das gehört zum Leben dazu. Wir können lernen, diese Seite des Lebens und die damit verbundenen Gefühle zu akzeptieren. Wenn wir es schaffen, uns unsere Verletzungen einzugestehen, können wir sogar etwas ganz Entscheidendes gewinnen: zum einen das Bewusstsein ehrlich, und authentisch zu sein, und zum anderen die Erfahrung, dass wir auch mit Verletzungen zurechtkommen können. Durch diese Erfahrung werden wir freier, unsere Träume zu verwirklichen und etwas zu riskieren.

***Authentizität – ein Gewinn der Heilarbeit.***

### Übung: Alte Verletzungen verarbeiten

Denken Sie an eine Situation in Ihrem Leben zurück, in der Sie sich sehr verletzt gefühlt haben. Beschreiben Sie die Situation. Wer war daran beteiligt, wie haben Sie sich gefühlt, was haben Sie gedacht? Welche Konsequenzen haben Sie aus dem Vorfall gezogen.

Schreiben Sie zwei Versionen des Vorfalls auf: Beschreiben Sie ihn einmal von außen, indem Sie die dritte Person benutzen, so dass Ihr Bericht etwa so aussieht: Silke war etwa zehn Jahre alt. Als sie nach Hause kam, hörte sie ihre Eltern streiten... Anschließend erzählen Sie denselben Vorfall aus der Ich-Perspektive. Geben Sie sich Gelegenheit, beide Erlebnisperspektiven auszuprobieren. In der einen können Sie die Version objektiv und distanziert beschreiben, mit dem Wissen, dass Sie die Verletzung überlebt haben. In der anderen Version trauen Sie sich zu, den Schmerz von damals nachzuempfinden und dabei zu wissen, dass die Gefühle sich am ehesten verändern und vergehen können, wenn Sie sie zulassen. Nehmen Sie sich für beide Aufgaben genügend Zeit (20 bis 30 Minuten).

## Angst vor Konflikten, Auseinandersetzung und Verlust

Die Angst, den Partner oder die Partnerin zu enttäuschen und sogar zu verlieren, wenn wir uns behaupten und unsere Wut ausdrücken, ist sehr verbreitet. Natürlich ist es auf der anderen Seite eine Illusion zu glauben, es gäbe eine Garantie dafür, dass unser Partner ein Leben lang bei uns bleibt, wenn wir nur jedem Konflikt aus dem Weg gehen. Das Gegenteil ist nämlich der Fall: Wenn wir unsere Gefühle immer nur unterdrücken, kann eine Beziehung genau daran zugrunde gehen, weil kein wirklicher tieferer Kontakt mehr stattfindet. Im Prinzip gilt, dass jeder, der eine harmonische Beziehung leben möchte, auch streiten können muss.

**Harmonie um jeden Preis? Sehr ungesund.**

Die Angst vor Konflikten hat oft tiefere Ursachen. Vielleicht haben wir in unserer Kindheit die Erfahrung machen müssen, dass Konflikte schädlich und zerstörerisch sind. Vielleicht fühlen wir uns in einem Konflikt immer gleich schuldig und verantwortlich, und tun deshalb alles, um ihn zu vermeiden. Erst letztens berichtete mir ein Klient, dass er sich in seiner Familie immer dafür verantwortlich gefühlt hatte, dass es keinen Streit gibt. Wenn es dann doch krachte, hatte er aus seiner Sicht versagt. Sein Motiv entstammte dem kindlichen Bedürfnis, seine Eltern zusammenzuhalten. Als Kind war er mit der Angst aufgewachsen, sie könnten sich trennen.

Wir fürchten uns vor Konflikten, weil wir Angst haben, den anderen gegen uns aufzubringen und seine Zuneigung zu verlieren. Wir fühlen uns angesichts eines Konflikts unwohl und bedroht und fragen uns, was wir falsch gemacht haben. Wir haben auch Angst davor, unsere Position nicht vertreten zu können und die richtigen Worte zu finden. Unsere Angst kann uns handlungsunfähig werden lassen.

Ich möchte Sie einladen, noch ein Stück weiterzugehen und zu erforschen, woher Ihre Angst vor Konflikten kommt. Die Art und Weise, wie unsere Eltern mit Konflikten umgegangen sind, prägt unseren Umgang mit Konflikten als Erwachsene.

***Wenn Ihre Eltern***

- Konflikte nicht vor den Kindern ausgetragen haben, damit die Kinder keine Angst bekommen…
- Konflikte nicht offen, sondern mit Beleidigungen, Abwertungen, Vorwürfen und Rückzug geführt haben...
- in Konflikten unbeherrscht, jähzornig und gewalttätig wurden...
- Konflikte schweigend ausgetragen haben...
- Konflikte konstruktiv, offen und fair ausgetragen haben...

**... hat Sie das geprägt.**

*Übung: Die Konflikte in der Ursprungsfamilie*

Um über Ihr eigenes Konfliktverhalten in der Partnerschaft mehr Klarheit zu bekommen, fragen Sie sich:

- Wie wurden in Ihrer Familie Konflikte gelöst?
- Wie ist ein typischer Konflikt verlaufen?
- Wie haben Sie sich als Kind dabei gefühlt?
- Wie haben Sie sich als Kind in Konflikten verhalten?
- Haben Sie geschwiegen und sich zurückgezogen? Haben Sie geschmollt oder eher Theater gemacht? Waren Sie schnell wieder ein braves Kind? Sind Sie laut geworden und haben protestiert?

Kinder fühlen sich oft ohnmächtig, wenn ihre Eltern streiten. Sie glauben häufig, dass sie den Streit verursacht haben und fühlen sich schuldig. Sie brauchen sehr viel Harmonie, Sicherheit und Geborgenheit und wollen, dass die Eltern sich möglichst schnell wieder vertragen. Streitigkeiten verunsichern sie und machen ihnen existenzielle Angst.

*Streit macht Kindern Angst.*

Wenn wir als Kind häufig die Erfahrung gemacht haben, dass sich unsere Eltern streiten, und wir nichts dagegen tun können und völlig machtlos und ausgeliefert sind, kann das dazu führen, dass wir uns als Erwachsene von Streit genauso bedroht, ohnmächtig und handlungsunfähig fühlen wie damals.

Je mehr wir unsere kindlichen Ängste vor Konflikten verstehen und annehmen können, desto eher sind wir als Erwachsene in der Lage, konstruktiv mit Konflikten umzugehen, sie als Bestandteil des Lebens zu akzeptieren und das Veränderungspotenzial in ihnen schätzen zu lernen.

Es gibt kein Rezept, wie Sie Ihre Angst vor Konflikten und Verlusten verlieren können. Wichtig ist auch hier, dass Sie sich Ihren Ängsten zuwenden und sie annehmen, wie in der nachfolgenden Übung.

### *Übung: Schreiben Sie über Ihre Angst, verlassen zu werden*

Schreiben Sie über eine Zeit in Ihrem Leben, in der Sie verlassen worden sind, eine Trennung, die Ihnen besonders nahe gegangen ist, den Verlust eines geliebten Menschen. Wie sind Sie damals damit umgegangen? Wer hat Ihnen beigestanden und was hat Ihnen geholfen? Wie hat es Ihr Leben geprägt, welche Schlussfolgerungen haben Sie daraus gezogen?

Beantworten Sie folgende Frage »Was möchte ich dem Anteil in mir, der verlassen worden ist, mitteilen?« Schreiben Sie mit der Hand, die Sie üblicherweise nicht benutzen, damit wechseln Sie von der logischen, rationalen Seite im Gehirn zur Ihrer emotionalen Seite.

Lassen Sie sich nach der Übung Zeit, um die Erfahrungen auf sich wirken zu lassen. Falls Sie mehrere Verluste erlitten haben, wiederholen Sie die Übung.

Nachdem Sie sich ihren Ängsten zugewendet haben, machen Sie sich in der nächsten Übung auch Ihrer Ressourcen bewusst, das heißt, finden Sie heraus, was Ihnen bisher geholfen hat, Ihre Konflikte zu bewältigen.

### *Übung: Meine Erfahrungen mit Konflikten*

Schreiben Sie sowohl Ihre positiven als auch Ihre negativen Erfahrungen mit Konflikten auf! Untersuchen Sie, welche Mittel und Kräfte Ihnen bisher zur Bewältigung von Konflikten zur Verfügung standen. Wozu waren Ihre bisherigen Konflikte gut, was haben sie verändert? Betrachten Sie besonders Ihren Anteil am Konfliktgeschehen: Was haben Sie zur Entstehung und zur Schlichtung des Konflikts beigetragen?

Machen Sie sich bewusst, dass Sie schon einige Konflikte überstanden haben und Verluste überwinden können.

## *Wenn Sie wütend auf Ihren Partner sind*

Ein netter Abend mit Freunden, gutes Essen und Wein, Sie fühlen sich entspannt. Es entwickelt sich eine spannende Diskussion und Sie beteiligen sich lebhaft daran. Da passiert es: Ihr Partner unterbricht Sie mitten im Satz. Sie beruhigen sich mit dem Gedanken, dass er Sie vielleicht im Eifer des Gefechts überhört hat. Aber kurz danach passiert es noch einmal und schließlich noch ein drittes Mal. Ihre Laune sinkt und Sie merken, dass Sie wütend sind. Da Sie Ihre Freunde jedoch nicht in den Konflikt verwickeln wollen, halten Sie Ihre Wut zurück und warten, bis alle gegangen sind.

Und nun? Wenn Sie sehr wütend sind, sollten Sie sich erst einmal zurückziehen, bevor Sie mit Ihrem Partner sprechen. Lassen Ihrer Wut freien Lauf, indem Sie beispielsweise auf ein Kissen schlagen.

***In der Wut erst der Rückzug, dann die Klärung.***

Überprüfen Sie anschließend, ob Ihre jetzt noch spürbare Wut angemessen ist und fragen Sie dann Ihren Partner, ob er bereit ist, Kritik zu hören. Wenn er zustimmt, teilen Sie ihm mit, weshalb Sie wütend sind. Schildern Sie die Situation möglichst sachlich und beschränken Sie Ihre Kritik auf das, was tatsächlich passiert ist.

Formulieren Sie anschließend deutlich Ihr Bedürfnis: »Ich bin total wütend, weil du mich mehrere Male unterbrochen hast. Ich wünsche mir, dass du mich in Zukunft nicht mehr unterbrichst.«

Teilen Sie Ihrem Partner auch mit, wie Sie sich gefühlt haben: »Wenn du mich unterbrichst, dann fühle ich mich von dir nicht ernst genommen, deshalb wünsche ich mir, dass du es nicht mehr tust.«

Vermeiden Sie Pauschalisierungen wie: »Immer fällst du mir ins Wort, nie gehst du auf mich ein.«

Beschwören Sie keine uralten Dinge herauf: »Beim letzten und vorletzten Mal hast du mich auch schon unterbrochen.«

Beschimpfen Sie Ihren Partner nicht und vermeiden Sie Du-Botschaften: »Du bist so rücksichtslos, du denkst nur an dich, du bist ein Idiot.«

Beziehen Sie Aussagen Dritter nicht in den Konflikt mit ein:«Petra hat sich auch beschwert, dass du ihr immer ins Wort fällst.«

Wenn Sie all diese Hinweise beachten, werden Sie möglicherweise erleben, dass Ihr Partner mit Verständnis und Offenheit reagiert: »Das kann ich verstehen, du hast Recht, es tut mir Leid.« Wenn nicht, könnte es daran liegen, dass Ihre gemeinsamen Konflikte tiefer liegen.

Wenn nach Ihrer Auseinandersetzung noch Energie da ist und Sie sich sicher genug mit Ihrem Partner fühlen, können Sie auch spielerisch mit ihm kämpfen, zum Beispiel indem Sie die Hände gegeneinander drücken und sich gegenseitig wegschieben oder mit Bataka-Schlägern gegeneinander antreten. Das kann nach der Anspannung durch den Konflikt sehr befreiend sein und Spaß machen. Es bietet außerdem die Möglichkeit, eventuell noch vorhandene Reste der Wut auszudrücken.

Machen Sie sich bewusst, dass Konflikte nicht immer so verlaufen, wie eben beschrieben. Es kann sein, dass es auch mal heiß hergeht. Emotionen – und Wut ist eine sehr starke Emotion – brauchen auch den Ausdruck durch Gesten, Mimik, Körperhaltung und Stimme. Wenn Sie sich also auch mal laut anschreien und Türen zuschlagen, ist das bis zu einem gewissen Maß völlig in Ordnung. Es ist nur gut, immer wieder zu einem respektvollen Umgang zurückzukehren. Die hier beschriebenen Regeln sollen Ihnen Sicherheit vermitteln, wie Sie mit Konflikten umgehen können und gleichzeitig auch Modell sein.

***Manchmal wird man sich eben auch anschreien.***

Machen Sie sich bei einem Konflikt unabhängig davon, wie Ihr Partner reagieren könnte. Ich erlebe es immer wieder, dass Klienten sagen: »Es bringt doch nichts, wütend zu werden, er ändert sich sowieso nicht.« Äußern Sie Ihre Gefühle, es sind ja Ihre! Tun Sie es aber nicht mit der Absicht, den anderen zu verändern, sondern für sich selbst. Sie werden sich hinterher besser fühlen, wenn Sie gesagt haben, was Sie geärgert hat. Und natürlich brauchen Sie nicht von vornherein ausschließen, dass Sie mit Ihrer Äußerung doch etwas bei dem anderen bewegen können.

Wenn Sie Ihre Wut auf angemessene Art äußern und offen zu Ihren Bedürfnissen stehen, kann Wut auch Nähe und Intimität erzeugen. Sie ziehen sich nicht zurück oder schmollen vor sich hin, sondern teilen dem anderen mit, was Sie bewegt. Damit geben Sie Ihrem Partner die Möglichkeit zu reagieren und sich ebenfalls zu öffnen.

## *Der richtige Zeitpunkt*

Kritisieren Sie den anderen nur, wenn er offen dafür ist – ungünstig ist es zum Beispiel nach einem anstrengenden Tag oder kurz vor dem Einschlafen. Auch wenn Ihr Partner sagt, dass er den Konflikt jetzt nicht klären will, hat es wenig Sinn, damit anzufangen. Eine Eskalation des Konflikts ist dann nämlich sehr wahrscheinlich.

### *Beispiel*

Mein Partner und ich haben in der ersten Zeit unserer Beziehung einige Auseinandersetzungen spät abends kurz vor dem Einschlafen im Bett geführt. Es endete damit, dass wir beide enttäuscht und wütend mit abgewendeten Rücken, ohne uns zu berühren, einschliefen. Manchmal bescherte es uns sogar schlaflose Nächte. Nach einigen solchen Nächten vereinbarten wir, vor dem Einschlafen keine Konflikte mehr auszutragen, sondern sie zukünftig auf den nächsten Tag zu verlegen. Zunächst war das etwas gewöhnungsbedürftig, denn es bedeutete ja auch, einen bestehenden Konflikt bis zum nächsten Morgen auszuhalten. Aber letztlich hat es sich bei uns bewährt. Am nächsten Morgen sind wir beide ausgeruhter und können den Konflikt offener und gelassener angehen.

## *Wenn die Wut ins Leere geht*

Vielen Menschen fällt es schwer, ihre Wut zu zeigen, anderen wiederum fällt es scheinbar leicht, jedoch fällt ihre Wut ins Leere und verändert nichts. Beides tut uns nicht gut.

Wenn Sie Ihre Wut zeigen und nichts damit bewirken, liegt es vielleicht daran, dass Sie Ihren Ärger unklar und verschwommen ausdrücken und sich nicht direkt, sondern indirekt äußern. Wenn Sie sagen: »Nie kocht jemand, immer muss ich für alle kochen!«, werden das womöglich alle hören, aber niemand wird sich angesprochen fühlen. Hingegen wird die direkte Anrede eine Reaktion hervorrufen: »Ich habe dreimal hintereinander gekocht und jetzt wünsche ich mir, dass du es machst.«

Damit Ihre Wut wirksam wird, ist es wichtig, dass Sie sich erst mal darüber klar werden, was Sie wollen und das dann mit deutlichen, verständlichen Worten ausdrücken. Des weiteren sollten Sie Ihre Wut an den Menschen richten, der sie ausgelöst hat, eine Verschiebung hat selten den gewünschten erleichternden Effekt. Wichtig ist außerdem, dass das Ausmaß Ihrer Wut dem Anlass ungefähr entspricht, ein riesiger Wutausbruch ruft nur neue Probleme hervor.

*Beispiel*

Frau C. berichtete mir voller Scham, dass sie wieder einen Wutanfall gehabt hat. Nach einem langen anstrengenden Tag waren ihr die Nerven durchgegangen. Sie hatte ihren dreijährigen Sohn angebrüllt, weil dieser beim Abendessen etwas umgestoßen hatte. Anschließend hatte sie sich noch mit ihrem Mann gestritten. Er machte ihr Vorwürfe, weil sie so ausgerastet war, und sie machte ihm eine Szene, weil er sich so wenig am Haushalt beteiligte und ihr die ganze Arbeit überließ. Anschließend waren beide verstimmt und wütend schlafen gegangen.

Am nächsten Tag ging es Frau C. sehr schlecht. Sie fühlte sich schuldig, weil sie so mit ihrem Sohn umgegangen war. Sie hatte sich doch vorgenommen, nicht mehr auszurasten. Auch ihrem Mann gegenüber hatte sie ein schlechtes Gewissen. Er hatte ja eigentlich Recht, aber manchmal wuchsen ihr die Dinge einfach über den Kopf. Sie nahm sich vor, beim nächsten Mal besser mit ihrer Wut umzugehen und sich zusammenzureißen. Etwa eine Woche später gab es einen ähnlichen Vorfall, der noch mehr eskalierte. Frau C. war völlig frustriert und unglücklich und fühlte sich mit ihrem Latein am Ende.

Oft bewirken Sie mit einem Wutanfall genau das Gegenteil von dem, was Sie eigentlich wollen. Anstatt dass sich die Situation positiv entwickelt, eskaliert sie nur noch mehr. Bestehende Beziehungsmuster werden manifestiert. Herr C. wird als Reaktion auf die Vorwürfe seiner Frau vielleicht noch weniger im Haushalt tun. Anstatt dass die beiden in Ruhe miteinander reden, verhärten sich die Fronten. Außerdem fühlen Sie sich hilflos und schuldig, weil Sie nicht besser mit der Situation umgehen können.

Auch hier ist es wichtig, dass Sie sich nicht in Grund und Boden verurteilen, sondern aus Ihren Fehlern lernen. Werden Sie sich darüber bewusst, welche Mechanismen bei Ihnen zu einem Wutanfall führen und was Ihnen helfen könnte, diese zu durchbrechen. Erforschen Sie dies in einem ruhigen Moment auch gemeinsam mit Ihrem Partner, denn bei einem Konflikt haben meistens beide Seiten einen Anteil.

*Beispiel*

Eine Freundin stritt sich mit ihrem Mann immer wieder über das Thema Ordnung. Die Vorstellungen der beiden darüber, wie ordentlich die Wohnung sein muss, gingen weit auseinander. Nachdem sie ein paar erbitterte Kämpfe darüber geführt hatten, wer mit seinen Vorstellungen Recht hat und zu keinem Ergebnis gekommen waren, sahen beide schließlich ein, dass sie den anderen nicht verändern können. Sie einigten sich auf ein paar Grundregeln. Darüber hinaus stand es meiner Freundin natürlich frei, Ordnung zu schaffen, so viel sie will. So lernten sie allmählich, mit den unterschiedlichen Vorstellungen umzugehen und den anderen zu akzeptieren.

An diesem Beispiel wird auch deutlich, wie die Lösung eines Konflikts verhindert wird, wenn beide darauf bestehen, Recht zu haben. Erst dadurch, dass beide anerkennen konnten, dass sie unterschiedliche Vorstellungen von Ordnung haben, konnte das Paar den Konflikt lösen.

Wenn Sie feststellen, dass Sie sich mit Ihrem Partner immer wieder über dieselben Themen streiten und sich nichts verändert, kann das auch bedeuten, dass Sie etwas an ihm kritisieren, was er nicht verändern kann, vielleicht das Aussehen oder bestimmte Charakterzüge. Beim Aussehen ist es offensichtlich. Sie können von Ihrem Partner nicht erwarten, dass er sein Aussehen oder seine Haltung verändert, da manche Dinge einfach vorgegeben sind.

Auf der charakterlichen Ebene ist das ähnlich: Wenn Sie einen eher zurückhaltenden und schüchternen Menschen zum Partner wählen, wird dieser seine Schüchternheit im Laufe der Zeit vielleicht etwas ablegen, er wird sich aber niemals zum Partylöwen entwickeln.

Ein weiterer Grund dafür, dass Ihre Wut nichts bewirkt, könnte auch sein, dass Sie versuchen jemanden zu verändern, der sich nicht verändern will und kann. Vielleicht neigen Sie sogar dazu, Ihre Bemühungen noch zu verstärken, je nutzloser sich Ihre Versuche, die Gefühle, Reaktionen und Überzeugungen des anderen zu verändern, zeigen. Wenn Sie dann noch erleben, dass Sie nicht ernst genommen und abgelehnt werden, verstärkt sich Ihr Gefühl von Ungerechtigkeit und Verdruss noch. Der Konflikt kann dann in einer unguten Weise eskalieren und in wütenden Anschuldigungen enden. Es ist allgemein bekannt, dass man seinen Partner nicht ändern kann – und doch versuchen es so viele Menschen.

***Den Partner ändern wollen – keine gute Idee.***

Wenn Sie jedoch nur damit beschäftigt sind, den anderen ändern zu wollen, besteht die Gefahr, dass Sie gar nicht mehr daran denken, was Sie an Ihrer Haltung verändern können und ob es andere Möglichkeiten gibt, mit der Situation umzugehen.

## *Übungen zu zweit*

Die folgenden Übungen passen gut in Momenten, wenn beide verbissen darauf bestehen, Recht zu haben. Sie können aber auch nach einem Streit die Reste der Wut, die noch in Ihnen zirkulieren, herauslassen. Sie lockern die Situation auf und machen Spaß.

**Ja und Nein**
Beide Partner stellen sich einander gegenüber auf. Sie sollten sich überlegen, bei welchem Thema sie nur Nein oder Ja sagen können. Nun nehmen beide Blickkontakt auf und beginnen. Einer sagt Ja, der andere Nein, und zwar leise, laut, fordernd, schmeichelnd, verführerisch, drohend usw. Das Ja oder Nein sollte nicht mechanisch ausgesprochen werden. Nach etwa fünf bis zehn Minuten werden die Positionen gewechselt. Nun sagt der, der vorher Nein gesagt hat, Ja und umgekehrt.

**Handtuch**
Sie brauchen für diese Übung ein Handtuch. Jeder von Ihnen nimmt ein Handtuchende in die Hand. Dann geht es los: Ziehen Sie Ihr Ende in Ihre Richtung mit den Worten: »Gib das her!«

Ihr Partner zieht das Handtuch in seine Richtung und antwortet: »Nein!« Das können Sie etwa fünf Minuten lang machen. Gestatten Sie sich, dabei richtig in Fahrt zu kommen und lauter zu werden.

**Variante:** Nehmen Sie jeweils ein Handtuchende zwischen die Zähne. Ziehen Sie es zu sich, während Ihr Partner es in die Gegenrichtung zieht, so dass ein Hin- und Hergezerre entsteht. Erlauben Sie sich, wie ein wildes Tier zu sein. In unseren Zähnen und im Kiefer stecken oft viele Aggressionen, die sich durch Übungen wie diese lösen können.

**»Platz da«**
Der eine nimmt eine feste Sitzposition ein, der andere versucht, ihn aus dieser Position zu bringen. Anschließend Wechsel.

**Rücken an Rücken**
Stellen Sie sich Rücken an Rücken auf und versuchen Sie, sich gegenseitig mit dem Rücken wegzuschieben und wegzudrücken.

**Kräfte messen**
Beide Kontrahenten stehen sich gegenüber und drücken die Handflächen aneinander. Sie messen ihre Kräfte miteinander, indem Sie Druck auf die Handflächen ausüben, dabei sollen Sie sich nicht wegschieben. Blickkontakt ist hier wichtig. Es dürfen Töne und Grimassen gemacht werden.

**Hahnenkampf**
Beide hüpfen Sie auf einem Bein und versuchen den anderen mit verschränkten Armen wegzuschieben. Das wird meist lustig.

**König(in) der Löwen**
Sie kriechen auf allen vieren durch den Raum und fauchen und brüllen dabei wie eine Raubkatze.

**Dämon spielen**
Sie feuern mit den Augen Blitze ab, zischen laut und stoßen Drohrufe aus.

Nachdem Sie zusammen diese oder ähnliche Übungen gemacht haben, kann es schön und heilsam sein, sich an den anderen anzulehnen, sich gegenseitig zu halten und zu verwöhnen. Oft entsteht dieses Bedürfnis von ganz allein, weil man sich durch das Zulassen der Gefühle näher gekommen ist.

## *Wenn sich nichts ändert*

Sie haben Ihrem Partner mehrfach deutlich gemacht, dass Sie wütend sind und was Sie sich wünschen. Sie haben von sich gesprochen und ihn auf eine respektvolle Art mit Ihrem Ärger konfrontiert – dennoch ändert er sein destruktives Verhalten nicht. Was können Sie tun? Sie können ihm noch einmal deutlich sagen: »Jetzt bin ich aber richtig wütend« und ihm Konsequenzen ankündigen: »Wenn du nicht aufhörst, werde ich...«

Letzteres sollte natürlich gut überlegt sein und nicht aus dem Affekt heraus geschehen, denn es könnte auf eine Entscheidung für oder gegen die Beziehung hinauslaufen. Bevor Sie ein solches Ultimatum ankündigen, sollten Sie alles versuchen, um den Konflikt mit Ihrem Partner zu klären. Falls Sie zu zweit nicht weiterkommen, kann es hilfreich sein, eine Paartherapie aufzusuchen.

***Konsequenzen wollen gut überlegt sein.***

Frau U. hatte ihren Mann immer wieder gebeten, mit dem Trinken aufzuhören und eine Therapie anzufangen. Sie hatte ihn sehr unterstützt und zu mehreren Beratungsgesprächen begleitet. Als er nach einigen Monaten, in denen er sie immer wieder beschwichtigt und vertröstet hatte, immer noch nicht bereit war, den notwendingen Schritt zu tun und eine Therapie zu beginnen, stellte ihm ein Ultimatum. Doch auch dieses ließ er verstreichen. Frau U. zog daraufhin die Konsequenzen und verließ ihn.

Das Gelingen von Beziehungen hat viel damit zu tun, inwieweit sich die Partner gegenseitig in ihrer Andersartigkeit akzeptieren können. Manchmal kommen Paare aber auch an den Punkt, wo eine Trennung unvermeidbar ist, da sich die Unterschiede nicht mehr miteinander vereinbaren lassen.

## *Trennung*

Bei frisch getrennten Paaren ist die Wut auf den anderen meistens am größten. Es kommt vor, dass sie voller Hass und Verachtung über ihren Expartner reden. Die Verletzungen sind oft sehr tief und schon lange vor der Trennung entstanden. Wenn der Grund für die Trennung eine andere Frau oder ein anderer Mann war, kommen zur Wut darüber, verlassen worden zu sein, noch Kränkung und Scham hinzu. Die Frage: »Was hat sie, was ich nicht habe?«, und die entsprechenden Gedanken – »Sie verlässt mich, weil der andere besser ist als ich« – reißen tiefe Wunden ins Selbstwertgefühl. Als Reaktion darauf verachten sie den Partner und sind voller Hass- und Rachegefühle.

Falls es gemeinsame Kinder gibt, wird der Konflikt oft über die Kinder ausgetragen. Eine leidvolle Erfahrung für diese, weil sie beide Elternteile brauchen und plötzlich für den einen oder den anderen Partei ergreifen sollen oder im schlimmsten Falle sogar von einem Elternteil gegen den anderen aufgehetzt werden. Man spricht hier auch von emotionalem Missbrauch, der zur Folge haben kann, dass diese Kinder es schwer haben, sich als Erwachsene auf Beziehungen einzulassen.

***Trennungen reißen oft tiefe Wunden.***

Eine Trennung erschüttert alles, was bisher galt, sie reißt ein Loch auf. Dabei verbirgt sich hinter der Wut oft eine lange Verlassenheitsgeschichte. Nicht selten mischt sich in die Wut auf den Expartner auch die Wut über frühere Liebespartner. Eine Trennung kann eine generalisierte Wut über alle Enttäuschungen des Lebens auslösen.

Wird die durch eine Trennung ausgelöste Wut nicht gefühlt, taucht sie irgendwann in der nächsten Beziehung wieder auf. Deshalb ist es wichtig, die durch eine Trennung ausgelösten Gefühle zu bearbeiten und sich nicht gleich in das nächste Abenteuer zu stürzen.

*Beispiel*

Frau D. kam sehr zufrieden mit sich in die Therapiestunde. Sie hatte ihrem Exfreund endlich mal richtig die Meinung gesagt. Lange Zeit hatte sie es für überflüssig befunden, schließlich war die Beziehung ja längst vorbei. Aber immer wenn sie an ihn denken musste, wurde sie so wütend, dass sie sich schließlich doch dazu entschloss, ihn zu konfrontieren. Sie sprach alles aus, was sie gekränkt und verletzt hatte. Besonders wütend war sie darüber, dass er sie angelogen und getäuscht hatte. Sie äußerte ihre Gefühle klar und deutlich und blieb auch meistens, wie sie mir mit einem kleinen Augenzwinkern erklärte, respektvoll. Nachdem sie ihr Herz erleichtert hatte und alles losgeworden war, hatte sie sich von ihm verabschiedet und war erhobenen Hauptes gegangen. Sie hatte sich danach wie befreit gefühlt, als wäre ihre Würde wiederhergestellt worden.

## Vom Umgang mit der Wut in der Familie

### Wütende Eltern, wütende Kinder

Kinder brauchen Platz zum Spielen und Toben. Gerade in großen Städten besteht daran oft ein Mangel, die Welt scheint nicht sehr kinderfreundlich zu sein. Manchmal bleibt Kindern nur die Wohnung zum Spielen, Konflikte sind da vorprogrammiert. Sie sollten versuchen, Ihrem Kind Möglichkeiten zu schaffen, wo es sich bewegen und lebhaft spielen kann, wo es Kind sein kann und sich auch mal schmutzig machen darf, selbst wenn das Ihre eigenen Toleranzgrenzen strapaziert. Je mehr Sie auf die Bedürfnisse Ihres Kindes eingehen können, desto weniger Konfliktpotenzial wird es geben, desto zufriedener werden Sie und Ihr Kind sein.

***Kinder müssen herumtollen können.***

Gleichzeitig brauchen Kinder auch klare Grenzen, um sich orientieren zu können. Diese sollten ihnen liebevoll gesetzt werden und nachvollziehbar sein, keinesfalls grob und willkürlich.

Auch wenn Sie Ihre Kinder von Herzen lieben, gibt es sicherlich immer mal wieder Situationen, wo die lieben Kleinen Sie zur Weißglut bringen. Das ist völlig normal und verständlich, zumal viele Eltern beruflich sehr eingespannt sind und nur wenig Zeit für sich zum Regenerieren haben.

### Wenn Sie wütend auf Ihr Kind sind

Wenn Sie merken, dass Sie wütend auf Ihr Kind sind und kurz davor stehen, zu explodieren, atmen Sie tief ein und aus. Sie können Ihre Wut innerlich aussprechen und sagen: »Ich bin so wütend, ich könnte platzen vor Wut.« Machen Sie sich klar, dass Ihr Kind ein Kind ist und Sie nicht verletzen oder bedrohen will.

Wenn Sie das Gefühl haben, Sie könnten Ihr Kind verletzen, gehen Sie weg. Fragen Sie Ihren Partner oder eine Freundin, ob er/sie für kurze Zeit bei Ihrem Kind bleiben kann. Machen Sie einen Spaziergang, stellen Sie sich vor, bei jedem Schritt Ihre Wut an die Erde abzugeben, machen Sie Töne dazu, falls es die Umgebung erlaubt.

Beschimpfen Sie Ihr Kind auf keinen Fall. Sagen Sie ihm nicht: »Du bist böse« oder »Du bist ein dummes Kind.« Kritisieren Sie es nur für die Sache, um die es geht und zwar in Form von Ich-Botschaften, sagen Sie beispielsweise: »Ich möchte nicht, dass du mit deinen Straßenschuhen in der Wohnung herumläufst.«

Wenden Sie niemals körperliche Gewalt an – denn Schläge erzeugen Schläge und Gewalt erzeugt nur neue Gewalt.

Falls Sie merken sollten, dass Sie immer wieder aggressiv auf Ihr Kind reagieren und Ihre Wut nicht zurückhalten können, suchen Sie therapeutische Hilfe auf. Ihr Kind braucht Sie, es kann sich nicht wehren. Vielleicht spiegelt Ihnen Ihr Kind etwas aus Ihrer Kindheit und Sie reagieren deshalb so stark darauf.

***Lassen Sie Ihre Wut niemals an Ihrem Kind aus!***

*Beispiel*

Ein Klient begann eine Therapie bei mir, weil er oft sehr aggressiv auf seinen Sohn reagierte und ihn beim letzten Konflikt geschlagen hatte. Er war am Boden zerstört, denn er liebte seinen Sohn sehr und litt darunter, was er ihm angetan hatte. In der Therapie stellte sich heraus, dass er selbst häufig von seinem Vater verprügelt worden war. Dadurch dass er seine eigene Geschichte mehr und mehr bewältigen und seinen Zorn auf den Vater ausdrücken konnte, nahmen die Aggressionen gegenüber seinem Sohn ab.

## *Das Kind in seiner Wut unterstützen*

Ermutigen und bestärken Sie Ihr Kind, seine Wut auszudrücken. Bleiben Sie bei ihm und zeigen Sie ihm, dass Sie es lieben, auch wenn es wütend ist, selbst wenn sich die Wut gegen Sie richtet. Machen Sie ihm Vorschläge, wie es seine Wut ausdrücken kann – zum Beispiel trampeln und brüllen, böse Grimassen machen und knurren, auf ein Kissen schlagen, gegen eine Matratze treten, mit Batakas kämpfen usw. Wenn es wütend auf Sie ist, ermutigen Sie es, auch das auszudrücken. Sie können ihm sagen: »Es ist in Ordnung, wenn du wütend auf mich bist. Ich habe dich trotzdem genauso lieb und bleibe bei dir.« Sie können ihm auch die oben beschriebenen Übungen »Kräfte messen« oder »Hahnenkampf« vorschlagen, wo es darum geht, auf spielerische Art und Weise und im Kontakt Aggressionen auszudrücken. Wichtig ist, dass Ihr Kind das Gefühl hat, dass es mit seiner Wut und seinen Aggressionen angenommen wird.

***»Es ist okay, wenn du wütend bist.«***

Bestrafen Sie es auf keinen Fall dafür, wenn es einen Wutanfall hat, loben Sie es aber auch nicht dafür. Reden Sie ihm die Wut nicht aus, demütigen Sie es nicht ( »Schäm dich!«) und lachen Sie es nicht aus.

Ist Ihr Kind noch sehr klein und schreit, dann nehmen Sie es in den Arm und sprechen Sie zu ihm, indem Sie seinen Gefühlen Worte geben, wie zum Beispiel: »Es ist in Ordnung, wenn du wütend bist. Manchmal ist alles auch wirklich so schwer, selbst für einen so kleinen Menschen wie dich. Schrei nur deinen ganzen Frust heraus, dass tut dir bestimmt gut. Und ich bleibe bei dir und halte dich.«

Wenn Sie Ihr Kind ermutigen, seine Gefühle zuzulassen, wird es seine Erlebnisse schneller verarbeiten können. Es wird sich auch mit schwierigen Gefühlen angenommen und verstanden fühlen und dadurch ein gesundes Selbstvertrauen entwickeln können.

Es gibt eine Reihe von guten Kinderbüchern zu dem Thema Wut, einige finden Sie im Anhang aufgelistet. Sie können sie mit Ihrem Kind zusammen lesen und anschließend darüber sprechen. Auch Märchen oder Sagen eignen sich dafür, um sich dem Thema anzunähern.

*Übung: Ein anderer Verlauf des Lebens*

Stellen Sie sich nur einmal vor, wie Ihr Leben verlaufen wäre, wenn Ihre Eltern Sie ermutigt hätten, Ihre Gefühle zuzulassen, selbst wenn es sich um Wut gegen sie selbst gehandelt hätte. Was wäre anders gewesen?

Dabei geht es nicht darum, Ihre Kindheit in Bausch und Bogen zu verurteilen, sondern genau und differenziert hinzuschauen, welche Unterstützung Sie bekommen haben und welche nicht. Das kann Ihnen auch in Hinblick auf Ihre eigenen Kinder und Ihr eigenes inneres Kind, wertvolle Hinweise geben.

## Freunde, Nachbarn und Kollegen – der manchmal nagende Alltag

Wer hat das nicht schon erlebt? Wir erfahren, dass wir als Einzige nicht zu einem Fest eingeladen worden sind, dass nicht wir, sondern die Kollegin den begehrten Posten bekommt, dass die Person, in die wir uns verliebt haben, nichts mit uns zu tun haben will, dass wir mal wieder als Einziger aus der Familie ein völlig unpassendes Geschenk bekommen haben usw.

In unserem Leben gibt es immer wieder Momente, in denen wir gekränkt und zurückgewiesen werden. Je nachdem, wie stark unser Selbstwertgefühl entwickelt ist, erleben wir dies möglicherweise als Entwertung unserer gesamten Person. Wir fühlen uns nicht gesehen, verletzt und abgelehnt. Das kann eine tiefe Verunsicherung auslösen und Gefühle von Ohnmacht, Selbstzweifeln, Wut und Verachtung nach sich ziehen.

*Kränkungen erfahren wir immer wieder im Leben.*

Als Reaktion wenden wir uns gekränkt und enttäuscht von unserem Gegenüber ab und reagieren mit Rückzug und Verachtung, manchmal sinnen wir sogar auf Rache und Vergeltung.

Hinter dieser Reaktion sind oft noch andere Gefühle verborgen – nämlich Schmerz und Scham darüber, dass uns jemand so verletzt hat. Sie werden aber meist weder zugelassen noch gezeigt. Um uns vor weiteren Verletzungen zu schützen, reagieren wir mit Rückzug, Wut oder sogar mit Gewalt.

*Beispiel*

Frau S. hatte sich so auf den Abend gefreut. Sie war mit ihrer Freundin verabredet. Die beiden wollten mal wieder zusammen ausgehen, Neuigkeiten austauschen und Spaß haben. Sie hatte extra einen Babysitter organisiert und sich sogar einen neuen Rock für den Abend gegönnt. Um 19 Uhr sollte die Freundin kommen. Als es 19.05 Uhr war, machte sich Frau S. noch keine Sorgen, die Freundin kam ja öfter zu spät. Aber als es dann schließlich schon 19.30 Uhr war, beschloss sie nicht mehr länger zu warten. Sie rief bei der Freundin an, die aus allen Wolken fiel, weil sie den Termin völlig vergessen hatte. Frau S. konnte es erst gar nicht glauben, dann spürte sie eine mächtige Enttäuschung und Wut in sich aufsteigen. Es fiel ihr schwer, Worte zu finden. Die Freundin entschuldigte sich wortreich und wollte gleich einen neuen Termin ausmachen. Frau S. sagte, sie müsse das erst einmal verdauen und sie würde sich in den nächsten Tagen wieder melden. Dann legte sie den Hörer auf.

Frau S. musste sich nach dem Telefonat erst mal hinsetzen. Vor Wut schossen ihr die Tränen in die Augen. Sie fragte sich, ob sie der Freundin die Freundschaft kündigen sollte. Ihr häufiges Zuspätkommen sah Frau S. plötzlich auch in einem ganz anderen Licht. Der Abend war auf jeden Fall verdorben. Sie schickte den Babysitter nach Hause und schaute sich völlig frustriert und unglücklich irgendeinen Krimi im Fernsehen an. Frau S. meldete sich an den nächsten Tagen nicht bei ihrer Freundin. Die Freundin versuchte sie mehrfach zu erreichen, doch Frau S. rief nicht zurück. Sie fühlte sich so verletzt, dass sie der Freundin gar nicht mehr gegenübertreten wollte. Erst als diese sich nicht mehr abwimmeln ließ und eine Aussprache erzwang, löste sich die Situation wieder auf. Frau S. konnte aussprechen, wie sehr es sie gekränkt hatte, dass die Freundin ihre Verabredung vergessen hatte. Sie hatte sich dadurch völlig in Frage gestellt gefühlt. Zum anderen erfuhr sie, dass die Freundin an diesem Tag selber eine sehr kränkende Situation erlebt hatte und deshalb so durch den Wind war.

Manchmal sind wir auch wütend auf uns selbst, weil wir etwas verpatzt haben oder jemanden verletzt haben. Manchmal sind es auch Entscheidungen, die wir im Nachhinein bereuen und mit denen wir hadern. In der folgenden Übung geht es darum, sich dieses zu verzeihen und Mitgefühl für sich zu entwickeln.

*Übung: Mitgefühl mit dem, was einmal war*

Entscheiden Sie sich für eine Situation aus Ihrer Vergangenheit, über die Sie sich immer noch ärgern und die Sie nicht vergessen können: dass Sie Ihrer Mutter Vorwürfe gemacht haben, dass Sie einen Freund nicht zu einem Fest eingeladen haben, weil zwischen Ihnen gerade eine Meinungsverschiedenheit bestand, dass Sie Ihre beste Freundin schlecht behandelt haben etc.

Nehmen Sie eine bequeme Körperhaltung ein und schließen Sie die Augen. Machen Sie einige Atemzüge und lösen Sie allmählich alle Verspannungen, die Sie bei sich entdecken. Reisen Sie in Gedanken zurück zu dem Ereignis. Nehmen Sie alle Details wahr. Welche Personen waren daran beteiligt? Wie haben die beteiligten Personen ausgesehen? Was wurde gesagt? Welche körperlichen und emotionalen Gefühlszustände hatten Sie dabei?

Wenn Sie sich in dieser Situation sehen, stellen Sie sich die Frage: »Wie habe ich mich damals gefühlt? Welche Bedürfnisse hatte ich?« Lassen Sie sich Zeit mit der Antwort. »Habe ich mich unsicher gefühlt? Wollte ich die Situation kontrollieren, um mich vor bestimmten Verletzungen zu schützen?«

Nun fragen Sie: »Was habe ich damals gedacht? Welche Vorstellungen hatte ich von der Situation, welche Befürchtungen und Ängste gab es? Wie habe ich die Dinge interpretiert?«

Und schließlich fragen Sie sich: »Von welchen angenehmen und unangenehmen Gefühlen wurde ich begleitet?« Vergegenwärtigen Sie sich noch mal den gesamten Kontext der betreffenden Situation. Nehmen Sie sich genügend Zeit, um Antworten auf diese Fragen zu finden.

Im nächsten Schritt kommt es nun darauf an, dass Sie akzeptieren, wie Sie damals waren und sich verzeihen. Behalten Sie das innere Bild von sich in jener Situation lebhaft vor Augen und sagen Sie dem Menschen, den Sie da sehen: »Ich wollte, das wäre nicht passiert, doch ich habe nur versucht, meinen Bedürfnissen zu entsprechen. Ich akzeptiere mich selbst, ohne mich dafür zu verurteilen. Ich akzeptiere, dass ich versucht habe, für mich und mein Leben auf die mir mögliche Art und Weise zu sorgen.« Machen Sie diese Bestätigungen mit ehrlichem Gefühl und spüren Sie die Wirkung auf Ihren Gemütszustand.

Nun lösen Sie sich aus der Situation und nehmen sich vor: »Für diesen Fehler schulde ich niemanden etwas. Es ist vorbei und ich kann mir selbst verzeihen.«[11]

## *Frust und Wut in Arbeit und Beruf*

Am Arbeitsplatz besteht oft nicht die Möglichkeit zum Rückzug, wenn Sie wütend sind. Meistens müssen Sie mehrere Stunden am Stück funktionieren. Gerade in Berufen, wo Sie mit Menschen zusammenarbeiten, wie zum Beispiel als Lehrerin, Erzieher, Polizistin oder Kellner kann dass eine große Herausforderung sein. Wie gehen Sie damit um, wenn Sie während Ihrer Arbeitszeit wütend werden?

Die erste Empfehlung ist wieder: Atmen Sie ganz bewusst weiter ein und aus. Nehmen Sie Ihre Gefühle wahr und verdrängen Sie sie nicht. Sie können innerlich sagen: »Ich bin so wütend.« Machen Sie Pausen, um hinauszugehen, wenn möglich an die frische Luft. Dort können Sie fluchen, Ihre Fäuste schütteln, Grimassen ziehen etc. Sie können das Gefühl auch innerlich ansprechen und zu ihm sagen: »Ich kümmere mich später um dich, hier ist kein sicherer Ort.«

***Ziehen Sie sich zurück mit Ihrer Wut bei der Arbeit.***

Sobald Sie zu Hause sind, sollten Sie sich Ihrer Wut zuwenden. Vielleicht ist es gut, sich zu bewegen (tanzen Sie, gehen Sie, fahren Sie Rad). Sie können auch auf die vorgeschlagenen Übungen zurückgreifen und Ihre Wut malen, schreiben oder körperlich ausdrücken.

Ein giftiges Milieu am Arbeitsplatz, Mobbing (ob es Sie selbst trifft oder eine Kollegin) oder besonders stressige und unwürdige Arbeitsbedingungen können wütend und krank machen. Aufgrund der angespannten Arbeitslage trauen sich viele nicht, ihren Job zu kündigen, selbst wenn sie unter den Verhältnissen leiden.

Auch viele Arbeitslose haben Wut im Bauch, weil sie sich in ihrem Bedürfnis nach sozialer Zugehörigkeit gekränkt fühlen und keine Chance sehen, ihren Beitrag zur Gesellschaft zu leisten. Hinzu kommen die abwertenden Meinungen über Arbeitslose von Politikern und Medien.

Sie sollten in jedem Fall mit all den in diesem Buch vorgestellten Methoden für sich sorgen und überdies Ihrer Wut und allen anderen Gefühlen auf angemessene Art Ausdruck verleihen. Zudem ist es wichtig, für einen guten Ausgleich zu sorgen – in Form von tragenden Beziehungen und Freundschaften, Entspannung, schönen Reisen etc. Am Ende des Kapitels finden Sie noch einige Methoden für Ihre Gelassenheit.

## *Wenn andere wütend auf Sie sind*

Wenn Sie jemand angreift, sollten Sie bewusst weiter atmen. Sie nehmen dann nicht so viel von der Wut des anderen in sich auf, weil Ihre eigene Energie Ihren Körper füllt. Machen Sie sich bewusst, dass die Person, die Sie angreift, ein Problem hat, das Sie nicht übernehmen müssen.

Wenn Sie beschimpft und angebrüllt werden, Ihnen jemand Vorwürfe macht und Sie das nicht wollen, dann schützen Sie sich. Sagen Sie der anderen Person, dass sie aufhören soll, und zwar laut und deutlich mit: »STOPP!« Wenn es für Sie stimmt, können Sie dem anderen sagen, dass Sie ihm zuhören, aber nur wenn er Ihnen auf angemessene Art und Weise seine Gefühle mitteilt, ansonsten möchten Sie das Gespräch nicht führen.

***Sagen Sie laut und deutlich stopp.***

Genauso ist es mit Kritik. Sie müssen sich nicht kritisieren lassen. Sie können Kritik auch ablehnen. Wenn Sie Kritik annehmen, können Sie verlangen, auf angemessene Art und Weise kritisiert zu werden.

*Beispiel*

Ich hatte ein schwieriges Telefonat zu führen, doch die entsprechende Person war nicht zu erreichen und der Anrufbeantworter schaltete sich an. Mein Partner saß im Nebenzimmer und konnte hören, was ich auf den AB sprach. Ich war ein bisschen konfus und nannte erst am Ende des Telefonats meine Nummer. Dann legte ich auf. Sofort schallte es aus dem Nebenzimmer von meinem Partner, dass er sich über Leute, die erst ganz zuletzt und dann noch undeutlich ihre Telefonnummer auf das Band sprechen, total ärgert. Daraufhin war ich ziemlich wütend und sagte ihm, dass er mich nicht ungefragt auf diese Art und Weise kritisieren soll.

Angemessen wäre es gewesen, wenn er mich zuerst gefragt hätte, ob ich offen für Kritik bin. Anschließend hätte er sagen können: »Wenn du so telefonierst, fühle ich mich daran erinnert, wie ich mich immer über die Menschen ärgere, die auf meinen AB sprechen und erst ganz zuletzt und undeutlich ihre Telefonnummer hinterlassen, so dass ich den ganzen Text noch mal abhören muss.« So hätte ich es als hilfreichen Hinweis annehmen können.

## Verschiedene Therapieansätze im Überblick

Sollten Sie beim Lesen den Eindruck bekommen haben, dass viel unterdrückte Wut in Ihnen ist und Sie über dieses Buch hinaus Unterstützung brauchen, würde ich Ihnen eine Therapie empfehlen, die Ihren emotionalen Ausdruck fördert und unterstützt. Besonders gut eignen sich aus meiner persönlichen Erfahrung heraus die Integrative Primärtherapie, die Körperpsychotherapie und alle weiteren Methoden, die ich im Folgenden kurz darstellen möchte.

### *Integrative Primärtherapie*

Die Integrative Primärtherapie ist eine Weiterentwicklung der von Arthur Janov in den 60er Jahren entwickelten Primärtherapie. Vor allem geht es hierbei darum, in Kontakt mit sich selbst und seinen Gefühlen zu kommen.

Um zu überleben, müssen wir meist schon in frühester Kindheit seelische Verletzungen und Traumatisierungen abspalten und verdrängen, da der kindliche Organismus noch nicht in der Lage ist, diese zu bewältigen. Die unbewältigten Erfahrungen bleiben jedoch in uns gespeichert, prägen unser Verhalten und unser Erleben und kommen manchmal, ausgelöst durch Alltagssituationen, an die Oberfläche. Wenn Menschen mit diesen tiefen Gefühlen allein nicht mehr zurechtkommen und unter großem Leidensdruck stehen, sind sie bei der Integrativen Primärtherapie meist gut aufgehoben.

***Alte, abgetrennte Gefühle wieder spüren lernen.***

Im geschützten Rahmen der Therapie werden sie dazu ermutigt, ihre Gefühle zuzulassen und auszudrücken. Hier werden sowohl die als negativ bewerteten Gefühle wie Wut, Trauer und Angst unterstützt als auch das Wahrnehmen und Erleben der eigenen Stärke und Lebendigkeit. Um Verständnis für ungeliebte und abgelehnte Gefühle und Seiten zu bekommen, kann es nötig sein, die Geschichte ihrer Entstehung zurückzuverfolgen.

Eine therapeutische Sitzung beginnt in der Regel mit einem Gespräch über die gegenwärtige Situation, legt dann das Schwergewicht auf die damit verbundenen Gefühle und sucht schließlich die Spuren der Vergangenheit zurückzuverfolgen und sie im Zusammenhang mit der aktuellen Situation nachzuerleben. Traumatisierungen und tiefe Verletzungen aus der Kindheit

werden erst dann bearbeitet, wenn sich der Klient in seinem inneren Prozess dafür öffnet. Voraussetzungen dafür sind, dass er die innere Stärke gewonnen hat, sich mit den Schmerzen seiner Kindheit auseinander zu setzen, und dass sich eine tragfähige therapeutische Beziehung entwickelt hat, in der sich der Klient sicher und angenommen fühlt. Im Anschauen und Erleben traumatischer Situationen und Umstände geschieht einerseits ein Bewusstwerdungsprozess, andererseits lernt der Klient mehr und mehr seine Gefühle und Wesensanteile kennen und akzeptieren. Im Laufe des primärtherapeutischen Prozesses verlieren Menschen die Furcht vor ihren eigenen Gefühlen und können sich selbst und ihr Schicksal mehr annehmen.

*Sich den Verletzungen aus der Kindheit öffnen.*

Ein wichtiger Teil ist auch die Integration: Dabei werden die Erlebnisse der Therapie ins Leben eingeordnet und man beginnt, sie im Alltag umzusetzen. Im Anschluss an tiefe Sitzungen werden Zusammenhänge und Bedeutungen für das aktuelle Leben oft »wie von selbst« klar, was dazu beiträgt, eingefahrene Muster zu verlassen.

Oft fühlen sich Menschen von der Integrativen Primärtherapie angezogen, die in der Kindheit schwere Traumatisierungen erlebt haben. Gleichzeitig bedarf es einer gewissen Stabilität, um die oft aufwühlende »Reise nach Innen« ausbalancieren zu können. Für sehr schlimm traumatisierte Menschen, für die eher eine stationäre Behandlung angemessen wäre, ist eine Primärtherapie zunächst nicht geeignet.

In die Integrative Primärtherapie fließen auch andere Methoden mit ein, beispielsweise auch die folgende Übung, die sich sehr gut dazu eignet, tiefe Wut auszudrücken.

### *Übung: »Ich bin wütend.«*

Bei einem Konflikt zwischen zwei Personen (beispielsweise einem Paar) können sich beide Partner einander gegenüber hinsetzen. Der Konfrontierte darf weder antworten noch zurückschlagen. Die Konfrontation beginnt mit dem einfachen Satz: »Ich will dich konfrontieren.« Der Wütende spricht gleich weiter, er sagt: »Ich bin wütend, ich bin wütend«, so lange, bis er seinen Zorn wirklich erlebt. Die ganze aufgestaute Aggression kann sich schließlich in einem einzigen langen Wutschrei lösen und wird damit »erlöst«, meist so heftig, dass befreiende Tränen fließen. Danach kann der Wütende meist schon ruhig den eigentlichen Auslöser des Zorns nennen und zwar ohne persönliche Angriffe. Später kann er dann einen Wunsch an den Partner richten, beispielsweise: »Ich wünsche mir von dir, dass du mich ernst nimmst.«

Nicht selten fallen sich die vorherigen Kontrahenten nach dieser Prozedur schluchzend in die Arme, die alles blockierende Wut ist freigesetzt worden.

Ein Gewinn aus dieser Übung ist das Gefühl, dass unter jeder Wut ein tiefer Schmerz vergraben liegt.[12]

## *Körperpsychotherapie*

Es gibt viele unterschiedliche Richtungen innerhalb der Körperpsychotherapie. Die wohl bekannteste ist die Bioenergetik, die in den 70er Jahren von Alexander Lowen, einem Schüler Wilhelm Reichs, entwickelt wurde. Weitere sind die Organismische Körpertherapie, Focusing, Polarity, Hakomi, Tiefenpsychologische Körpertherapie.

**Der Körper hat alle Gefühle gespeichert.**

Die Körperpsychotherapie bezieht den Körper unmittelbar in die therapeutische Arbeit mit ein. Sie arbeitet mit Körper- und Wahrnehmungsübungen, Atemübungen, körperlichem Halt und Berührung und auch mit Stressübungen. Der körperliche und der emotionale Ausdruck werden dabei sehr gefördert.

In der Körperpsychotherapie geht man von dem Konzept aus, dass Körper, Seele und Geist eine Einheit bilden. Ablehnung, Zurückweisung und seelische Verletzungen aus der Kindheit sind in unserem Körper gespeichert und drücken sich in der Körperhaltung, in muskulären Verspannungen und Panzerungen und so weiter aus. Wenn ein Säugling immer wieder die Erfahrung macht, dass seine Mutter auf seine Bedürfnisse nicht reagiert und trotz aller Protestschreie nicht zu ihm kommt, resigniert er irgendwann und gibt erschöpft auf. Das erzeugt nicht nur einen psychischen Schmerz, sondern hinterlässt auch im Körper seine Spuren. Der Körper zieht sich zusammen, kontrahiert, um den kindlichen Organismus zu schützen. Diese Erfahrung spiegelt sich im gesamtkörperlichen Ausdruck wider – beispielsweise in Form von großen traurigen, sehnsüchtigen Augen, einem schmalen, engen Brustkorb oder angespannten Armen und Beinen. Sie kann auch zu einer Spaltung zwischen Körper und Geist führen. Die körperlichen Bedürfnisse werden abgespalten, weil sie trotz aller Dringlichkeit unerfüllt bleiben, und der Mensch lebt fortan hauptsächlich im Kopf. Das hat zur Folge, dass er keinen oder wenig Bezug zu seinem Körper hat, sich wenig spürt und wahrnimmt und die Tendenz hat, sich körperlich zu überfordern und zu vernachlässigen.

***Körper und Kopf können sich regelrecht trennen.***

## *Verschiedene Interventionen in der Körperpsychotherapie:*

Wahrnehmungsübungen unterstützen den Menschen, wieder ein Gefühl für seinen Körper zu bekommen. Da gibt es zum Beispiel meditative Reisen durch den eigenen Körper, bei denen der Klient zu jedem Körperteil hinspürt. Mit sinnlichen Übungen sollen die Sinne sensibilisiert werden – sich mit einer Feder streicheln, herausfinden, welche Berührungen wohltuend sind (allein oder zu zweit) und leichte, behutsame Massagen gehören dazu.

In der Therapie wird die Aufmerksamkeit immer wieder zum Körper gelenkt, auch mit Fragen wie: »Wie fühlt es sich im Körper an? Was nehmen Sie von Ihrem Körper wahr? Wo fühlt es sich gut und sicher an und wo fühlt es sich nicht so gut und unsicher an in Ihrem Körper? Wo empfinden Sie Schmerz oder Druck? Welche körperlichen Impulse gibt es? Was möchte Ihr Körper sagen, was möchte er ausdrücken?« Wenn Emotionen wie Wut oder

Trauer da sind, wird gefragt: »Wo spüren Sie das Gefühl im Körper? Wie drückt es sich aus?«

Wut wird oft im Bauch wahrgenommen, während zum Beispiel Trauer meistens im Brustraum sitzt. Manchmal bleibt es beim Wahrnehmen des Körpers und der Gefühle, der Klient kann aber auch ermutigt werden, seine Gefühle körperlich zum Ausdruck zu bringen.

Durch Erdungsübungen (Verwurzelung/Grounding) lernt der Klient, sich über den Körper zu erleben. Gerade für Menschen, die sehr wenig in ihrem Körper zu Hause sind, können das sehr wichtige Erfahrungen sein. Der Klient kann sich dadurch seinem inneren Empfinden mehr öffnen und nimmt sich selbst mehr wahr. Übungen sind hier einfaches Stehen, auf einem Bein stehen, sich Verwurzeln, Springen, Stampfen.

*»Wie fühlen Sie sich in Ihrem Körper?«*

### Übung: Baum

Stehen Sie gerade und aufrecht und schließen Sie die Augen.

Stellen Sie sich nun vor, Sie sind ein Baum. Ihre Füße sind die Wurzeln, Ihre Beine und der Rumpf sind der Stamm, Schultern, Arme und der Kopf sind die Äste und die Krone des Baumes. Nehmen Sie Ihre Füße wahr und wie aus Ihren Füßen Wurzeln in den Boden wachsen, vielleicht zunächst ganz zarte kleine, die dann immer stärker und länger werden. Schauen Sie sich Ihre Wurzeln genau an. Wie stabil sind Ihre Wurzeln, wie tief reichen Sie in den Boden hinein? Und nun nehmen Sie Ihre Beine und Ihren Rumpf wahr. Wie sieht Ihr Stamm aus? Wie stark, fest und flexibel ist Ihr Stamm? Kann er Stürmen standhalten?

Und nun nehmen Sie Ihre Schultern, die Arme und den Kopf wahr. Was für eine Krone hat der Baum? Was für ein Baum sind Sie? Wo stehen Sie? Allein oder mit anderen Bäumen? Tragen Sie Früchte und wenn, was sind das für Früchte? Wie ist das Verhältnis zwischen Ihren Wurzeln und der Krone?

Lassen Sie sich Zeit, sich Ihren Baum vor Ihrem inneren Auge vorzustellen. Wenn Sie ein Bild und ein Gefühl zu dem Baum haben, der Sie darstellt, stellen Sie sich vor, dass mit jedem Ausatmen Ihre Wurzeln noch tiefer in den Boden hineinwachsen und sich die Krone mit jedem Ausatmen noch weiter ausdehnt. Atmen Sie ganz normal in Ihrem Rhythmus weiter und lassen Sie sich in Ihrer Vorstellung verwurzeln und ausdehnen.

Verinnerlichen Sie das Bild Ihres Baumes, so wie er jetzt in Ihrer Vorstellung aufgetaucht ist. Stellen Sie sich dann darauf ein, die Übung zu beenden. Nehmen Sie einen tiefen Atemzug und kommen Sie wieder in den Raum zurück.

Mittels energetisierender und vitalisierender Körper- und Atemübungen wird versucht, den zurückgehaltenen Ausdruck, die zurückgehaltenen Gefühle in Bewegung, ins Fließen und in den Ausdruck zu bringen. Das kann mit Hilfe bestimmter Bewegungen wie Treten, Drücken, Ausbreiten der Arme, Augen- und Kieferübungen, Einbeziehung der Stimme geschehen.

Bei Lowen gibt es bestimmte Stresspositionen, in die man sich hineinbegibt, um Schmerzen und Blockaden zu lösen. Sie sind sehr anstrengend für den Körper, so dass dieser nach einiger Zeit zu zittern und zu schmerzen beginnt. Man wird ermutigt, den aufkommenden Schmerz auszudrücken, laut zu schreien und zu brüllen. Es kann dabei zu körperlichen Zusammenbrüchen kommen, begleitet von heftigen Emotionen. Dabei können sich Panzerungen lösen und eine Menge Energie freigesetzt werden. Die Übungen fördern den kathartischen Ausdruck, sind aber nicht ganz ungefährlich, weil sie dazu auffordern, über die eigenen Grenzen zu gehen und es dabei möglicherweise zu Retraumatisierungen kommen kann.

***Berührungen können sehr heilsam sein.***

Bei Menschen, die wenig Halt und Geborgenheit in ihrer Kindheit erlebt haben, kann es sehr sinnvoll sein, mit nährender, nicht sexueller Berührung und Halt zu arbeiten. Die Methode der direkten Berührung kann das Wiedererleben früher Traumatisierungen ermöglichen. Der körperliche Halt vermittelt dem Klienten sehr viel Schutz und Sicherheit. Mit körperlichem Halt zu arbeiten, geschieht nur mit dem Einverständnis des Klienten und wenn sich eine gute Vertrauensbasis zwischen Klient und Therapeut entwickelt hat.

Nach einer körpertherapeutischen Sitzung werden die auftauchenden Emotionen der Lebensgeschichte zugeordnet und die in der Therapie gewonnenen Erfahrungen in den Alltag integriert. Ziel der körperpsychotherapeutischen Arbeit ist es, zurückgehaltene Energien wieder ins Fließen zu bringen und Blockaden aufzulösen.

Die dahinterliegende Vision ist, den Menschen zum selbstverantwortlichen, lebensbejahenden, liebes- und leidensfähigen Erwachsenen zu befähigen.

## *Gruppenarbeit*

Therapeutische Gruppen sind eine geeignete Form für Menschen, die sich ihrer Wut und ihren Aggressionen nähern wollen. In Gruppen ist es möglich, sich auszuprobieren und zu experimentieren. Sie können erleben, wie andere Menschen mit Ihren Gefühlen umgehen und dadurch erfahren, dass es vielfältige Möglichkeiten gibt. Es kann auch sehr ermutigend sein, wenn sich einer der Teilnehmer traut, seine Wut zuzulassen. An seinem Beispiel erleben Sie, dass es nicht nur ungefährlich ist, Gefühle auszudrücken, sondern dass es dem Teilnehmer hinterher sogar meistens besser geht. Das erleichtert den Schritt enorm, selber wütend zu werden. Eine Gruppe kann auch sehr tragend sein. Sie sind mit anderen Menschen zusammengekommen, die alle an demselben Thema arbeiten wollen. Das verbindet und lässt das Gefühl, nur Sie selbst haben ein Problem mit der Wut, schwinden. Die Dynamik in einer Gruppe beschleunigt manchmal den eigenen inneren Prozess, da es sein kann, dass sich Familienmuster in einer Gruppe konstellieren und es eine Menge an Auslösern gibt, die Ihnen eigene Probleme bewusst machen.

Für einige Menschen, beispielsweise solche, die sich schwer abgrenzen können, sind Gruppen aber manchmal eine Überforderung. Es ist wichtig, den richtigen Zeitpunkt zu bestimmen, wann eine Gruppenteilnahme sinnvoll ist.

Rituale eignen sich gut für die Gruppenarbeit. Es gibt auch Rituale, die speziell zum Zweck haben, die persönliche Wut freizusetzen, wie zum Beispiel das folgende Ritual, das die Teilnehmer mit der kraftvollen Energie der Wut in Kontakt bringt.

### Kraft- und Wutritual

Alle Teilnehmer bilden einen Kreis und beginnen zu stampfen, erst mit dem linken, dann mit dem rechten Fuß. Dann soll ein Dreier-Rhythmus aufgebaut werden: links, rechts und dann WHA schreien. Dieser Rhythmus wird über eine Zeit gehalten. Wenn er sich gut eingependelt hat, machen alle langsame Stampfschritte zur Mitte. Alle bewegen sich zum Zentrum des Kreises, bis sie ganz eng beisammen stehen. Die Stampfschritte erfolgen immer noch im selben Rhythmus, aber jetzt ganz eng; links, rechts und mit der ganzen Kraft aus dem Bauch: WHA. Einige Zeit wird die Energie in der Mitte konzentriert, dann drehen sich alle um, stampfen im gleichen Schritt nach außen und dreimal im Kreis herum. Der Rhythmus bleibt bis zum Schluss der gleiche, wird immer leiser, die Bewegungen werden sanfter, bis alle stehen.[13]

## Die Arbeit mit Persönlichkeitsanteilen

Bei dieser Arbeit werden innere Konflikte nach außen gebracht und dargestellt. Wer kennt das nicht? Ein Anteil von uns möchte nach der anstrengenden Woche zu Hause bleiben und einen gemütlichen Abend verbringen, und der andere möchte auf die Party, die heute Abend von der netten Kollegin veranstaltet wird. Wie entscheiden wir uns?

Um das herauszufinden, suchen Sie sich für die beiden unterschiedlichen Anteile Stellvertreter aus (beispielsweise Kissen) und legen diese einander gegenüber. Der nächste Schritt ist zuerst zu der einen und dann zu der anderen Position hinzuspüren und alle Gedanken, Gefühle und Körperempfindungen wahrzunehmen, die dabei auftauchen. Meistens werden die Positionen dadurch klarer, zum Beispiel kann es sein, dass Sie bei einer Position ganz müde werden. Sie finden so eher heraus, was Sie wollen.

***Finden Sie heraus, was Sie wollen.***

Bei inneren Konflikten verfährt man genauso. Wenn Sie wütend auf einen Anteil von sich sind, beispielsweise auf den Anteil, der es wieder nicht geschafft hat, sich gegen den Freund abzugrenzen, können Sie beide Anteile über Symbole oder Ersatzgegenstände einander gegenüberstellen: den einen Anteil, der wütend ist, und den anderen, der es nicht geschafft hat, sich zu wehren. Die beiden können nun in einen Dialog miteinander treten. Meistens kommen dabei ganz überraschende Erkenntnisse heraus. Es kann sein, dass Ihnen klarer wird, wovor Sie Angst haben, wenn Sie sich entsprechend des Beispiels abgrenzen. Es kann sein, dass Sie in dem wütenden Anteil plötzlich Ähnlichkeiten mit Ihrem leistungsorientierten Vater entdecken, der von Ihnen immer verlangt hat, alles sofort zu beherrschen und keine Fehler zu machen. Es kann sein, dass Sie mehr Verständnis für beide Anteile entwickeln und sich damit annehmen können.

*Verständnis für sich selbst entwickeln.*

Ziel dieser Arbeit ist es, mehr Verständnis für sich zu entwickeln, verinnerlichte Botschaften der Eltern zu identifizieren und sich mit allen Persönlichkeitsanteilen akzeptieren zu können.

## Rollenspiele

In Rollenspielen, die sich gut für therapeutische Gruppen eignen, kann man Konfliktsituationen aus dem Alltag nachspielen. Man kann dabei auch in ungewohnte Rollen schlüpfen, man stellt sich beispielsweise ein mittelalterliches Fest vor. Alle Gäste sind schon versammelt: König und Königin, Prinzessin und Prinz, einfache Bauern, Hausierer und Bettler, Musiker und der Zauberer. Bloß die Hexe fehlt noch. Wie wär's? Wir brauchen noch eine Hexe. Wer will sie spielen?

Auf diese Art kann man sich einem Thema spielerisch nähern. Auch Märchen eignen sich zum Nachspielen.

## Innere Reisen

Im Verlauf des Buches kommen mehrere Fantasiereisen, auch Trancen genannt, vor. Sie entstammen der Methode der Imaginativen Verfahren.

Auf inneren Reisen dürfen alle Fantasien und Gefühle zugelassen werden. Niemand wird dabei zu Schaden kommen. Einige Menschen haben die Befürchtung, dass es gefährlich sein könnte, »böse, aggressive Gedanken« zu haben. Das trifft aber nicht zu, sondern zeigt nur, dass diejenigen, die das befürchten, sich innerlich noch nicht gut kennen und sich wenig vertrauen. Am Anfang fällt es Menschen oft schwer, ihre Aggressionen zu fühlen, weil die Angst da ist, außer Kontrolle zu geraten. Deshalb sollte man sich behutsam an das Thema herantasten. Wenn Klienten ein bisschen vertrauter mit dieser Methode geworden sind, ermutige ich sie, ihre Wut wahrzunehmen und als Teil von sich anzusprechen. Ich fordere sie auf, innerlich alles auszusprechen, was sie wütend gemacht hat. Manchmal kommt es dabei auch zu körperlichen Reaktionen, die sie auf der inneren Reise erleben beziehungsweise ausleben.

***In der Vorstellung kann alles ausgelebt werden.***

Nach einer solchen Erfahrung fühlen sich Menschen oft ruhig und entspannt. Ich bitte sie dann, sich dem Teil, auf den sie wütend waren, zuzuwenden. Meistens kommen sie dann in Kontakt mit dem, was hinter ihrer Wut steckt, zum Beispiel mit tiefen inneren Bedürfnissen und der Sehnsucht nach Liebe und Berührung.

Wenn ich nach einer solchen Reise nach innen frage, ob irgendetwas zu Schaden gekommen ist, lautet meistens die Antwort: Im Gegenteil, es war einfach Zeit, die Wut endlich kennen zu lernen. Sie haben ähnliche Übungen auch hier im Buch gesehen.

## *Heldenreise*

Die Heldenreise ist ein von Paul Rebillot entwickelter sehr intensiver, lebendiger Prozess, dessen heilende Wirkung in der Integration von gegensätzlichen Kräften in uns, unseren Licht- und Schattenseiten, liegt.

Die Reise führt zu unserem Innersten. Wir begegnen zunächst dem Helden, dem Persönlichkeitsanteil, der Entfaltung und Veränderung will. Auf der Suche nach einer neuen Lebensform begibt er sich entsprechend der mythischen Figur auf eine abenteuerliche Reise voller Herausforderungen und Gefahren. Auf dieser Reise trifft er seinen Widersacher, den Dämon, der sich dem neuen Ziel, der Veränderung, mit Vehemenz widersetzt. Er verkörpert den Widerstand, das Dunkle, Wilde, Unzivilisierte in uns und auch das gesellschaftlich nicht Akzeptierte. Oft stehen sich diese beiden Kräfte feindlich gegenüber und bekämpfen einander, dabei wird das Potenzial, das in ihnen steckt, zurückgehalten.

***Held und Dämon friedlich vereint in uns.***

Während der Heldenwanderschaft bekommen beide Anteile, sowohl unser Heldenanteil als auch unser Dämon, genügend Raum, um sich zu entwickeln und auszudrücken. Danach treffen die beiden in einer Konfrontation wieder aufeinander, wo sie herausfinden müssen, ob und wie sie zusammenarbeiten können, um einen neuen Zustand herbeizuführen. Ziel ist die Integration der beiden Anteile.

Die Heldenwanderschaft ist ein überaus bereichernder persönlicher Prozess, der einen Menschen auf vielfache Weise unterstützt, sich selber besser kennen zu lernen und sich mit all seinen Gefühlen und Persönlichkeitsanteilen anzunehmen.

## Methoden für Gelassenheit und inneren Frieden

Wir haben bereits darüber gesprochen, dass wir viel besser mit unserer Wut umgehen können und überhaupt viel seltener Anlass zur Wut haben, wenn wir ausgeglichen sind und in uns ruhen. Zum Abschluss des Buches möchte ich Ihnen daher ein paar Methoden vorstellen, die Ihnen zur Gelassenheit verhelfen können.

Je mehr es Ihnen gelingt, sich auch mit Ihren Unzulänglichkeiten anzunehmen, desto eher können Sie Verständnis für Ihre Mitmenschen und Ihre Umwelt entwickeln. Das ist oft eine Frage der Erfahrung und des Alters. Jemand mit größerer Toleranz gegenüber seinen eigenen Fehlern und Macken wird auch anderen ihre Fehler eher verzeihen und nicht gleich bei jeder Meinungsverschiedenheit hochgehen. Das bedeutet nicht, dass Wut etwas Schlechtes ist, das Sie sich abgewöhnen sollten, sondern bezieht sich auf einen destruktiven Umgang mit Wut.

***Gelassenheit gibt der Wut keinen Raum.***

Innere Gelassenheit ermöglicht Ihnen zu unterscheiden, wo es gut ist zu streiten und zu kämpfen und wo es angemessen ist, Menschen oder Zustände hinzunehmen, weil sie sich nicht ändern lassen.

### Atemübungen

**Tiefenatmung**

Atmen Sie langsam durch die Nase ein, bis Ihr Bauch so weit herauskommt wie nur möglich. Atmen Sie erst dann wieder aus. Atmen Sie so lange, bis Sie sich ruhig und entspannt fühlen. Sie können das mehrmals am Tag so bewusst machen. Diese Übung eignet sich auch, wenn Sie sich in irgendeiner Weise bedroht oder bedrückt fühlen.

**Yoga-Atmung**

Wenn Sie sich gestresst und unruhig fühlen, ist folgende Übung hilfreich: Suchen Sie einen Ort auf, an dem Sie für eine kurze Zeit ungestört sind. Setzen Sie sich und schließen Sie die Augen. Atmen Sie langsam durch die Nase ein und zählen Sie dabei bis vier. Halten Sie dann den Atem an, während Sie wieder bis vier zählen. Atmen Sie danach durch die Nase wieder aus und zählen Sie dabei bis vier. Bevor Sie erneut einatmen, zählen Sie ebenfalls bis vier.

## Meditation

Meditation bedeutet so etwas wie innere Einkehr. Man zieht sich für einige Zeit zurück – das können fünf Minuten oder mehrere Stunden sein –, und lauscht nach innen. Dabei versucht man ganz ruhig zu werden, sich vom ständigen Gedankenstrom zu lösen und im Hier und Jetzt anzukommen. Menschen, die regelmäßig meditieren, fühlen sich entspannter.

Es gibt unterschiedliche Arten der Meditation, zum Beispiel das einfache Sitzen und sich Sammeln, die Zen-Meditation, die eher ein strenges Sitzen verlangt, und die Vipassana-Meditation, bei der man aufstehen und umhergehen kann und die dazu einlädt, alle Gefühlszustände da sein zu lassen.

Meditation wird nicht nur im religiösen Kontext praktiziert, auch wenn sie Religionen wie Buddhismus und Hinduismus entstammt. Viele Menschen mit den unterschiedlichsten Lebensweisen profitieren heute davon.

# Anhang

## Hinweise und Adressen

Meine Praxis erreichen Sie unter folgender Adresse:

Anita Timpe
Hornstraße 2, 10963 Berlin
Tel.: 030-25297870
www.iptb.de

Therapeutische Gruppen zum Thema »**Wohin mit der Wut?**« biete ich mit Rolf Tensfeldt und Susann Beecken an.

Zum weiteren Angebot gehören Gruppen zur Stärkung und Unterstützung speziell von Frauen zu den Themen »Sexuelle Heilung« und »Wer bist du, wenn du du bist?«, die ich mit meiner Kollegin Barbara Koch-Mäckler durchführe.

**Ausbildungen in Integrativer Primärtherapie** biete ich zusammen mit Susann Beecken, Christian Hamann und Werner Münzenmayer an.

**Integrative Primärtherapie**
In Deutschland gibt es die Gesellschaft für Integrative Primärtherapie – GIPT e.V. Hier finden Sie Adressen von Therapeuten, die die Integrative Primärtherapie anbieten: www.integrative-primaertherapie.de

**Einige weitere Therapeuten,
die ich Ihnen empfehlen kann, sind:**

Barbara Koch- Mäckler – Integrative Primärtherapie, Focusing, ww.iptb.de
Susann Beecken – Integrative Primärtherapie, Homöopathie, Yoga, www.primaertherapie-hamburg.de
Christian Hamann – Integrative Primärtherapie, Paar- und Familientherapie, chrihamann@web.de
Werner Münzenmayer – Integrative Primärtherapie, Prozessorientierte Männerarbeit, Anti-Gewalt Training, w.muenzenmayer@web.de
Elizabeth Marshall – Organismische Körperpsychotherapie, Integrative Primärtherapie, www.praxis-am-engelbecken.de
Jutta Becker – Integrale Leibarbeit, www.integrale-leibarbeit.de

**Körpertherapeuten** finden Sie unter folgendem Link:
www.koerpertherapie-netzwerk.de.

**Klaus Lange, »Innere Reisen«,** erreichen Sie über:
www.klaus-lange-hamburg.de

**Heldenreise**
www.heldenreise.de

**Paarkonflikte/ Beziehungsberatung/ Mediation**
Wenn Sie allein nicht mehr weiterkommen, können Sie sich an einen Mediator oder an einen Paar- und Beziehungstherapeuten wenden. Bei vielen Jugendämtern besteht die Möglichkeit, Mediation kostenlos zu nutzen, wenn Kinder betroffen sind.
Kostenlose Paar- und Beziehungsberatungen werden oft von kirchlichen Trägern angeboten, wie der Caritas oder dem Diakonischen Werk. Mittlerweile gibt es auch die Möglichkeit der Konflikt- und Trennungsberatung.
Adressen finden Sie im Internet unter den jeweiligen Stichwörtern.

**Bataka-Schaumstoffschläger**
und weitere Aggressionsmaterialien für die pädagogisch-therapeutische Arbeit gibt es beim Donnavita Buchverlag, www.donnavita.de.

# Literaturverzeichnis

Bloom, Coburg, Pearlman, *Die selbstsichere Frau*, Reinbeck 1979

Luisa Francia, *Drachenzeit*, Verlag Frauenoffensive, München 1991

Gudrun Görlitz, *Körper und Gefühl in der Psychotherapie, Aufbauübungen*, Pfeiffer, München 1998

Arthur Janov, *Frühe Prägungen*, Fischer, Frankfurt 1984

Stephen M. Johnson, *Charaktertransformation*, Transform Verlag, Oldenburg 1990

Klaus Lange, *Herz, was sagst du mir? Selbstvertrauen durch innere Erfahrungen*, Kreuz-Verlag, 1992

Harriet Goldhar Lerner, *Wohin mit meiner Wut?*, Kreuz Verlag, Zürich 1989

Margrit Himmel-Lehnhoff, *Durch Krankheit zum Selbst – Wege zu einem neuen Leben*, Econ Taschenbuch Verlag, Düsseldorf 1991

Jennifer Louden, *Tu dir gut – Das Wohlfühlbuch für Frauen*, Bauer Verlag, Freiburg 1992

Klaus Mücke, *Hilf Dir selbst und werde, was Du bist*, Ökosysteme Verlag, Potsdam 2004

John Lee, Bill Scott, *Richtig wütend*, Knaur, München 1994

Matthew McKay, Patrick Fanning, Carole Honeychurch, Catherine Sucker, *Selbstwert – Die beste Investition Ihres Lebens*, Jungfermann Verlag, Paderborn, 2000

Wolfgang Miethge, *Heilsame Gefühle*, CIP-Medien, München 2005

Günter Scheich, *Ärgern ist gesund!*, Mosaik, München 2002

Peter Schellenbaum, *Aggression zwischen Liebenden*, Deutscher Taschenbuch Verlag, München 1996

Carol Tavris, *Wut – das missverstandene Gefühl*, Deutscher Taschenbuch Verlag, München 1995

Klaus W. Vopel, *Praxis der positiven Psychologie*, Iskopress, Salzhausen 2003

Bärbel Wardetzki, *Ohrfeige für die Seele*, Kösel, München 2000

**Wunderschöne, Wut und Mut machende Kinderbücher**

Jana Frey, *Streiten gehört dazu, auch wenn man sich lieb hat*, Ravensburg, 2003

David McKee, *Du hast angefangen, Nein, Du!,* Sauerländer, 2003

Christine Nöstlinger, *Anna und die Wut*, Dachs-Verlag, 2002

Hiawym Oram, *Der wütende Willi*, Hoch, 1982

Maurice Sendak, *Wo die wilden Kerle wohnen,* Diogenes, 1992

## Mein Dank gilt

meinem Mann Stefan, mit dem ich leidenschaftlich gern streite und diskutiere und der mich während der Zeit des Schreibens mit seiner großen Liebe und seinem Wissen unterstützte sowie mit gutem Essen und Fußmassagen verwöhnte. Außerdem war er derjenige, mit dem alles anfing,

Barbara, die einfach für mich da war und mich beim Schreiben unermüdlich unterstützte, zum einen mit wertvollen Tipps und zum anderen, indem sie mir immer wieder Mut machte, wenn ich an meinem Vorankommen zweifelte,

Corinna, Christian und Werner, denen ich verdanke, dass sich mein Herz wieder öffnete, und mit denen ich lernte, zu fühlen und richtig wütend zu sein,

Doro und Beate, die mir sowohl mit aufmunternden Worten als auch mit ihrer Erfahrung halfen und durch die ich Kontakt zu Thomas und Armin bekam, die mich mit den Rechten einer Autorin vertraut machten,

Rolf, mit dem ich die Idee, ein Seminar zum Thema »Wohin mit der Wut?« anzubieten, umsetzte und der mir ein liebevoller Freund und Begleiter ist, mit dem ich auch herzhaft lachen kann,

Susann, die auf so gute Weise beharrlich sein kann und mit der ich mich herzlich gut streiten kann,

der Bülowstraße 52, insbesondere der WG in Aufgang 5, vierter Stock – Carsten, Bettina, Phedoro, Mira und Stefan –, wo ich voller Liebe empfangen wurde und durch manche zähe WG-Abende und Plena lernte, mich konstruktiv auseinander zu setzen,

all meinen Freunden, die ich hier nicht namentlich erwähne, durch die ich mich so reich beschenkt fühle,

meiner Familie, der ich so viel verdanke, unter anderem, dass es mich gibt,

all meinen Klienten und Trainees, durch die ich schon so viel gelernt habe und immer noch so viel lernen darf,

und all meinen Lehrern und Therapeuten, die mich an ihrem Wissen, ihrer Weisheit und Liebe haben teilhaben lassen, ganz besonders Jürgen, Ingrid, Volker, Ruthild, Malcolm und Katherine.

# Anmerkungen

[1] Die Übung stammt aus dem Buch: *Richtig wütend* von John Lee.
[2] Siehe auch Johanna Graf in: Psychologie Heute, Heft 2/2006, S. 46–51.
[3] Nach Gudrun Görlitz: *Körper und Gefühl in der Psychotherapie.*
[4] Nach: John Lee: *Richtig wütend.*
[5] Nach Hallie Igleheart Austen: *The Heart of the Godess*, 1991, Seite 91.
[6] Nach C. Tavris: *Wut, das missverstandene Gefühl.*
[7] Nach Klaus Vopel: *Praxis der positiven Psychologie*, Seite 113.
[8] Nach Matthew McKay, Patrick Fanning, Carole Honeychurch, Catherine Sucker: *Selbstwert – die beste Investition Ihres Lebens*; Seite 22.
[9] Quelle unbekannt. Hier in Anlehnung an Bloom, Coburg, Pearlman: *Die selbstsichere Frau*, Seite 21.
[10] Viele der Anregungen, die Sie hier finden, verdanke ich John Lee und seinem Buch *Richtig wütend.*
[11] Nach Matthew McKay, Patrick Fanning, Carole Honeychurch, Catherine Sucker: *Selbstwert – die beste Investition Ihres Lebens.*
[12] Nach Margrit Himmel-Lehnhoff: *Durch Krankheit zum Selbst*, Seite 22.
[13] Nach Luisa Francia: *Drachenzeit.*

## Zur Autorin

Anita Timpe, geboren 1964 in Osnabrück, ist Diplom-Sozialpädagogin, Heilpraktikerin und Psychotherapeutin (HPG). Sie war nach dem Studium viele Jahre in einer therapeutischen Praxis für Jugendliche und Heranwachsende tätig. Nach einer Ausbildung in Integrativer Primärtherapie in Heidelberg arbeitet sie seit 1992 in eigener Praxis in Berlin und bietet Einzel- und Gruppentherapien und Seminare an. Zum Thema Wut hält sie seit langem Wochenendseminare. Weitere Themen ihrer Arbeit sind: Sexuelle Gewalt in der Kindheit, Sexuelle Heilung, Herzbegegnung, Den eigenen Weg gehen. Seit 2005 leitet sie eine Ausbildungsgruppe in Integrativer Primärtherapie.

Ihr therapeutischer Ansatz ist neben der Integrativen Primärtherapie von der Organismischen Körpertherapie nach Malcolm und Katherine Brown, von der systemischen Familientherapie und von eigenen Tanz- und Theatererfahrungen geprägt.